水元公園
縛られ地蔵(P.72)
松戸
4
日光街道
西新井駅
北綾瀬駅
東武伊勢崎線
金町駅
亀有駅
綾瀬駅
常磐線
水戸街道
後ろ向き地蔵(P.66)
小野照崎神社(P.14)
6
京成高砂駅
北千住駅
京成本線
入谷鬼子母神(P.36)
田端駅
目黄不動 永久寺(P.162)
西日暮里駅
化け地蔵(P.66)
墨田七福神(P.84)
小岩駅
西船橋
日暮里駅
八広駅
東向島駅
総武線
鶯谷駅
飛不動(P.48)
今戸神社(P.104)
こんにゃく稲荷(P.54)
上野公園
新小岩駅
上野(P.194)
上野駅
浅草駅
不忍池(P.128)
合羽橋(P.116)
撫で牛(P.146)
押上駅
平井駅
御徒町駅
神田明神(P.90)
亀戸天神(P.42)
目黄不動 最勝寺(P.162)
14
京葉道路
秋葉原駅
両国(P.150)
御茶ノ水駅
秋葉原(P.122)
両国駅
錦糸町駅
亀戸駅
柳森神社(P.24)
荒川
隅田川
銀座八丁のお稲荷さん(P.110)
東西線
葛西駅
浜松町駅
357
湾岸道路
新木場駅
葛西臨海公園駅
京葉線
レインボーブリッジ
りんかい線
新浦安
有明駅
舞浜駅
お台場海浜公園
東京ディズニーランド
ディズニーシー
ゆりかもめ
東京湾
東京モノレール
京王線
20
甲州街道
新宿
府中駅
武蔵野線
府中競馬正門前駅
競馬場線
府中本町駅
南武線
東京競馬場(P.212)
中央自動車道

目次

一、ぜひ行ってみましょう。

三、行きたいなら止めません。

一、ぜひ行ってみましょう。

spot 01

貧乏神

名前で嫌わないでね、福授けるから

日本には誰もが嫌う、三大厄神というのが存在する。

いわく、死神・疫病神《やくびょうがみ》・貧乏神だ。

死神が祀《まつ》られている神社は、生憎、知らないが、疫病神は結構、あちこちで祀られている。

ズバリ「疫神」という名前のときもあるし、昔は怖い疫病《えきびょう》の代表だった「疱瘡《ほうそう》神《しん》」という名前で祀られていることもある。また、『日本書紀』に出てくる大禍津《おおまがつ》日神《ひのかみ》を、文字通り、禍々《まがまが》しいモノとして、祀った神社も存在する。

これらはすべて、怖い神様におもねって、許してもらおうという意図で建てられた。

access

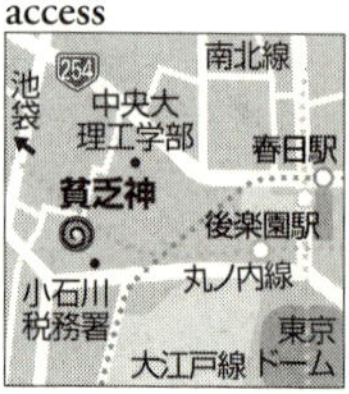

拝んだからって、疫病神に取り憑かれるわけではないので、ご安心を。

この三大厄神の中、貧乏神を祀った神社が、文京区北野神社境内《けいだい》にある太田神社だ。ここに貧乏神が祀られた伝説は以下のとおりである。

——江戸時代。小石川界隈に、太田ナニガシというシケた旗本が住んでいた。この男、どういうわけか、いくら生活を切り詰めても一向、お金が溜まらない。自分の不運を嘆いていると、ある晩、彼の夢枕にひとりの老女が現れた。

「私は貧乏神である。お前の家の居心地が良いので、ずっと住み着いてしまったが、このたび、もっと住み心地の良い家がみつかったので、引っ越すことにした。ついては、世話になった御礼に、これから福を授けてやろうぞ。一日、十五日、二十五日の三日、私に赤飯と油揚を供えるのじゃ。そうすれば、福を授けるぞ」

激貧旗本が、月に三回、赤飯と油揚を供えるのは、きつかったに違いない。だが、彼はきちんとお供えをした。するとア〜ラ不思議。お告げの通り、たちまち運が向いてきた、と。

私としては、貧乏神の引っ越し先が気になるのだが、生憎、どこにも書いてな

かった。

伝説はただ、この太田ナニガシが夢に見た、貧乏神の姿を刻んだものが、今の神社の御神体となっている、とのみ記している。

また、のちに、とある大工が「仕事が成功したら、お社《やしろ》建てます」と、この神サマに祈ったら、大成功したという話も伝わっている。

そんなこんながきっかけとなり、太田神社は江戸時代、かなり賑わっていたらしい。

しかし、貧乏神というのは一般名詞であり、神サマ個人の名前ではない。そこで調べてみたところ、ここの神社にお祀りされた貧乏神は、黒闇天女《くらやみてんにょ》というのが本名で、弁才天（一説に吉祥天）のお姉さんであるということが判明した。

ご存知のとおり、弁才天は七福神のメンバーだ。この福神サマのお姉さんが、貧乏神とは……。むむ。神サマの世界でも裏表はあるということか。

ともあれ、今、貧乏神サマは、祈れば貧乏を免《まぬが》れるという福の神になっている。

実際の社は、北野神社（祭神は菅原道真公）境内脇の、小さな摂社に過ぎない。が、行ってびっくり、見てドッキリ。

当の太田神社と一緒に、ここにはなんと、高木神社が同席していたのである！

……え？　なんで、そんなに仰天したのかって？　なぜなら、この高木神社、祭神が「第六天魔王」だからだ！

第六天魔王の第六天とは、仏教でいう、欲界六天の最高所。

この天に生まれた者は、他人の楽事（快楽？）を自由自在に己のものとして享

ワンカップ大関が供えられたお社

受でき、また、多くの眷属《けんぞく》（とりまき、手下）を率いて、仏道の妨げをなすとされている。

悟りの邪魔をするから「魔王」だそうだが、なんだか、とっても羨ましい力を持ったお方である。

また、この神サマは、かの織田信長が「我こそ、第六天魔王とならん！」と言って、理想とした（？）お方でもある。

確かに、彼は比叡山《ひえいざん》を焼き討ちしたりして、仏道の妨げもしたけれど、もしかしたら、単に快楽の追求がしたかっただけなのかも知れないね……。

ちなみに、太田神社と共にある高木神社は、昔は後楽園遊園地の側《そば》に祀られており、一帯は第六天町と呼ばれていた。

第六天の意味を考えると、レジャー施設との取り合わせは、納得できるものがある。

ともあれ、黒闇天女と第六天魔王。ご利益《りやく》は、貧乏脱出と快楽享受！

じっくり拝み倒しておいて、損はない神社に違いない。

……まぁ、神社側の説明では、高木の神は「五穀豊穣の神」だそうだから、無

難にそれに従っておいても、悪くはないけどね。

怖い神サマ

死神や貧乏神のみならず、実は、日本の神サマは恐ろしい方揃いである。福の神として有名な、大黒サマも元々は死神そのもの。生まれ故郷のインドでは「大いなる死」という意味を持っている。

日本の国を造った伊邪那岐命《いざなぎのみこと》・伊邪那美命《いざなみのみこと》は、神話上の最初の夫婦であり、縁結びの神として祀られていたりする。けれど、彼らは熱愛ののち、大喧嘩して離婚したに等しいカップルだ。しかも、伊邪那美命は死してのち、黄泉の国で「人間を一日に千人、縊《くび》り殺ーす！」と、きっぱり言い放っている。国造りの神サマからして、こうなのだ。あとの神サマは推《お》して知るべし。

しかし本当に怖いのは、こういう神サマに「福をくれ」「恋人くれ」と、ごり押ししている、私たち日本人に違いない。

spot 02

富士塚

ご利益《りやく》抜群。ミニチュア富士登山

access

富士塚というものを、ご存知か。

富士塚はもともと江戸時代の「富士講」――、富士山を信仰した人たちが作った、ミニ富士山だ。

しかし、私が富士塚から感じ取るのは、本物よりお手軽な行楽の場としてのミニチュアであり、真面目な信仰というよりは、愛するものを自分の側《そば》に置きたいという、人々のラブな感情だ。

日本人はどういうわけか、このテのものが大好きだ。

富士塚のみならず、全国には四国巡礼をコンパクトにしたミニ八十八箇所や、ミニ観音巡礼地などが沢山作られている。京都の吉田大元宮《よしだだいげんぐう》には、八百万《やおよろず》すべての神サマが祀《まつ》られてるし、浅草寺《せんそうじ》の四万六千日《しまんろくせんにち》（ほおずき市）も、この日に参拝すれば、四万六千日分、お参りしたのと同じご利益があるという、なんともお得な祭日だ。ちなみに、四万六千日とは約百二十六年分である……。

日本人は案外、不精というか、ローリスクハイリターンなご利益を望む国民なのだ。この弁で行くと、私なんかもう、富士山には十回以上登拝してるし、四国巡礼も五回は巡っているし、浅草寺《せんそうじ》なんて千年分以上、お参りしている計算になるもんね。えへん。

ともあれ、富士塚巡りである。

富士塚は東京都内だけで、六十以上あるという。生憎、いくつかの富士山は文化財保護やら、落下する危険があるなどの理由で、自由に登ることはできない。が、年に一度、いくつかの富士塚が自由に登れるときがある。それが山開きのお祭りだ。

六月の末日から七月初めの数日間（場所によって若干、日にちにずれがあるので、ご注意を）、本物の富士山の山開きに合わせて、都内の富士塚では、お祭りを行っている。

その中のいくつかを紹介しよう。

まずは、台東区。小《お》野《の》照崎《てるさき》神社《じんじゃ》の富士塚だ。

この神社は、平安時代の異人というべき小野篁《おののたかむら》さんゆかりの神社だ。篁さんは博識で偉い官人であり、歌人としても有名だが、夜毎、井戸を伝わって、地獄と現《うつつ》を行き来したというアヤシイ伝説の持ち主でもある。

こんな怪しい平安貴族がホントに江戸に来たかどうかは知らない。が、江戸を訪れた篁さんを偲《しの》んで、仁寿二年（八五二）、神社は上野照崎の地に建てられた。照崎に建てられた、小野さんゆかりのお社《やしろ》だから「小野照崎」——これが、神社側の由緒だが、伝説はちょっと違った話を伝えている。

江戸にやってきた篁さんを、お稲荷さんのお狐たちが尾っぽの先に火を点し、闇を照らして迎えたゆえ、「尾の照先」神社となった、と、巷の伝説は伝えているのだ。うむ。こっちのほうが私は好きだな。

さて、そんな神社の中にあるのが、下谷《したや》坂本《さかもと》富士《ふじ》の名を持つ富士塚だ。

ここの富士塚は、お祭りのときだけ、頂上まで登ることができる。峨々《がが》たる山並みは、実際、富士から運んだ岩石でできていて、高さ・由緒共に、都内指折りの立派な富士塚となっている。

生憎、私が訪れたときは、まだ時間が早かったので、あまり賑わっていなかった。けど、幼稚園児がお祓《はら》いを受けて、富士登山に挑んでいる姿は、なかなか微笑ましかったゾ。

もちろん、彼らに続いて、山頂に挑んでみねば話にならない。

一合目から二合目は、またいでしまいそうな感じだが、そこは急がず、順を追って登りましょう。

ちなみに信仰登山にはつきものの歌があるので、それを歌うと、もっといい。

「ざーんげ、懺悔。六根清浄《ろっこんしょうじょう》！」

節回しは、ご近所の山伏サンに訊くように。

ここの富士塚は結構、ワイルドで、隣には大きな藤棚があり（上から見下ろすと、藪のようにも見える危険なものだ）、横には蔦《つた》の絡まった大きな木が繁っている。

なんの木だろうと、神社の人に尋ねたところ、「あっちの棟梁《とうりょう》に訊いておくれ」と。

幼稚園児が鈴なりの下谷坂本富士

……何の棟梁なんデスカ？　ともかく、富士塚の脇に座っている、男の人に尋ねてみると、

「ん？　木？　銀杏《いちょう》だろ」

違うだろー。どー見ても。

「だけど、秋になると銀杏《ぎんなん》が落ちているんだよ」

そういう答えが返ってきた。そんなはずはないのだがなぁ……。

謎を残したまま、続いて、私は北区中十条の富士塚に向かった。

ここに着いた辺りから、縁日ムードがぐっと盛り上がってきた。

当地は普段は公園で、富士塚はお祭りのときだけ、霊山としての存在を現すといった感じだ。

参道沿い、ずらりと並んだ露店での買い食い大会ははしょるとして、富士塚に登るためには、浴衣姿のオジサンたちから、お線香を買い求めるのが掟《おきて》だ。

そして、階段を登っていくと……富士山頂上はあっという間だ。

頂上にあるお社に、お線香を上げて柏手《かしわで》を打とう。

この作法、神社か寺か、ようわからんが、もともと富士講は修験道《しゅげんどう》に由来を

持った信仰だ。修験道は神仏混淆《こんこう》の宗教なので、これはこれで筋が通っていると言っていい。

ここでは、祭りの当日だけ「蛇《じゃ》」なる縁起物が手に入る。麦藁蛇《むぎわらへび》とも言われるもので、木の枝にベロを出した蛇の頭を麦藁でつけ、何かの葉っぱを飾ったもの。ご利益は厄除けなのだとか。

葉の種類がわからなかったので、私はオジサンに訊いてみた。

「この葉っぱは、何の葉っぱですか？」

「ん？　葉？　ヒノキだろ」

違うだろー。どー見ても。

「まぁ、なんだって、いいんだよ。枯れたら、自分で好きなものをつけるといいよ」

…………。

でもまぁ、このいい加減さが、祭りという場の面白さでもある。

「蛇」を頂いて、私は駒込の富士塚に向かうことにした。

ここの富士塚は、昔、加賀前田侯の邸宅内にあったのを遷座《せんざ》してきたものという。加賀前田侯の邸宅は、今の東京大学だ。東大に富士塚が残っていたら、さぞや面白かっただろう。

　とはいえ、駒込に遷《うつ》ってのち、ここのお祭りは『江戸名所図会』にも載るほどの賑わいをみせるようになった。今現在も、中十条の富士塚同様、露店で大賑わいである。

　しかし、由来を見てみると、この塚はもともと前方後円墳であったとか。それを俗に富士塚と呼び、富士山から溶岩を運んできたりしたらしいのだが……誰のお墓だったんだか。でも、ま、ここまで賑わっては、お墓の主も怒れまい。

　駒込富士でも、厄除けとして麦藁蛇を分けている。そういえば、小野照崎神社でも、お祭りの日しか出さないという、可愛い「へび土鈴」があった。富士塚には、蛇がつきものらしい。しかし、駒込の蛇は「神龍」として、ランクアップを図っている。中十条の「蛇」と構造は同じだが、蛇が龍になった分、駒込のほうが姿も大きい。

　私はそれを手にとって、再び浴衣姿のオジサンたちに訊いてみた。

「この葉っぱは、なんですか？」

「ヒバだよ」

納得。

中十条のオジサンたち、「ひ」しか覚えていなかったのね。

伺ったところ、この縁起物は本来、水のお守りで、昔は井戸端に吊るしたという。氏子さん曰く、「ヒバの持っている殺菌作用を、昔の人はちゃんと知っていたのでは」。

うーむ。さすがだ。昔の人。

そういうわけで、我が家の「蛇」と「神龍」は水周りに吊るされた。

――富士に登って、縁日で遊んで、買い食いし、縁起物を頂いて帰る。

山開きは、いや、山開きに限らず、縁日はなんとも楽しく、嬉しい。

こういう場所に入ってしまうと、仕事なんか忘れてしまうよなぁ。

富士塚

富士山の神様は浅間大神《あさまおおかみ》、または木花之佐久夜毘売命《このはなのさくやびめのみこと》だが、江戸の富士信仰は、個別の神に対するものというよりも、山そのものが信仰対象だ。木や石、自然そのものに神を見た、古い感性が残っているように思われる。

富士塚の始まりは、安永八年（一七七九）に、高田藤四郎という人物が高田村（現新宿区西早稲田）水稲荷神社の境内に、五メートルほどの富士塚を築いたのが始まりとされている。その後、江戸を中心に爆発的に数を増やしたというが、どれほどの富士塚があったのか、正確な数は伝わっていない。

ちなみに現在、都内では六十以上が確認されている。そのうち、坂本富士、高松富士、江古田富士の三ヵ所は、往時の姿を残しているということで、国の重要文化財に指定されている。

spot 03

柳森神社

駄洒落《だじゃれ》パワー炸裂！ あなどるなかれ、おたぬき様

江戸城を守る神社といえば、鬼門《きもん》に神田明神、裏鬼門に日枝神社《ひえじんじゃ》というのが定説であり、真実だ。しかし、ここ柳森神社《やなぎもりじんじゃ》も、江戸城の鬼門を守る神社と言われている。

柳森神社は徳川以前、太田道灌《おおたどうかん》がこの地に城を築いたとき、鬼門守護として祀《まつ》られた。

太田道灌当時の城と、我々が知っている江戸城とは規模も違うし、形も違う。ゆえに後代の位置から計ると、鬼門からはずれている。けど、創建当時から、社《やしろ》の位置は少しも変わっていない。この場所に鎮座する意味は、何かしらあると見ていいだろう。

access

所在地は、秋葉原から神田に至る神田川のほとりに面する。道路から階段を降りる形で、川端の低地にあるのだが、この土地の高さこそ、もともとの江戸の地面の位置。町並みのほうが、長年の造成で高くなったのだ。

柳森神社の柳森とは、当地に太田道灌が、築城に際して、沢山の柳を植えたところからつけられた。

これも、鬼門守護のためである。

柳といえば幽霊だけど、幽霊が柳を慕うのは、この木自体に魂を依りつかせる力があるからだ。依るのは、お化けばかりではない。神サマも、この木を慕って集う。ゆえに、柳は鬼門守護として、力を発揮できるというわけ。

道灌は築城の名人だったと言われるが、当時の築城術には、風水の技も入っていた。使い勝手がいいだけの城を建てていたのでは、名人と呼ばれないのだ。道灌が柳を植えたのも、「名人技」ゆえの匠《たくみ》の心が働いたために違いない。

さて。柳森神社の祭神は、いわゆるお稲荷サマである。しかし、ここで目立つのは、狐より狸の存在だ。境内に入ると、狐より先、愛嬌のある顔をした狸が迎えてくれるのだ。

これを「おたぬき様」という。

「おたぬき様」は五代目将軍綱吉《つなよし》の母、桂昌門院《けいしようもんいん》が江戸城内に創建したのが最初という。のちに当地に移されたのだが、この「おたぬき様」の下腹が妙に膨らんで見えるのは、食べ過ぎ——というわけじゃなく、中に徳川綱吉公が入っているためであるという。つまり、この狸、メスなのね。……というか、桂昌門院自体が狸だったのか？

桂昌門院がなにゆえに、狸を信心することになったのか。経緯はわからないけれど、彼女が八百屋の娘から将軍の生母となったこと、いわゆる「玉の輿」に乗ったことから、このおたぬき様、立身出世にご利益《りやく》があると言われている。

狸は「他抜き」。他人より抜きん出て出世するという意味。いや、意味というより、単なる駄洒落だ。ここを通るサラリーマンは、この駄洒落を真面目に受けとめ、篤《あつ》く信心しているとか。

勝負に勝つにはトンカツ食べて、勝栗《かちぐり》食べて。喜びがあるようにと、コンブ＝よろコンブを食べて。先が見えると、受験合格を祈って、チクワなんぞも食べて……。

日本の験担《げんかつ》ぎは本当に、駄洒落テイストに満ちている。
狸といえば、居酒屋にある信楽焼《しがらきやき》が著名だが、これも「他抜き」の意味がある。
居酒屋の狸は皆、オスで、いわゆる「狸の千畳敷」という逸物を持っていらっ

狸ってこういう動物でしたっけ？

しゃる。

もちろん、コレにも意味がある。千畳敷というだけの、ご利益が期待できるのだ。

しかしね。冷静に考えると、この造形を平気でやり過ごしているのは、日本人だけではなかろうか。本来ならば、法律に引っかかりそうな気がするのだが……。

そういえば、神田明神のご祭神、平将門《たいらのまさかど》サマの首塚には、カエルが供えられていた。こちらは「無事、帰る」から、リストラ防止や行方不明者の発見にご利益があるとされている。

鬼門・柳森で出世を祈願し、もうひとつの鬼門のご祭神、将門サマにリストラ防止をお願いする。

駄洒落とはいえ、効果がないと言い切れないのが、これらのブツのすごいとこ。信じる者は救われる！

駄洒落の力

カエルの「帰る」は「無事帰る」のほか、「銭蛙《かえる》」「金蛙」などの駄洒落から、ガマ口の中に、小さな玩具《おもちゃ》の蛙を入れる風習がある。馬は「なにごともウマく行く」で、開運アイテムになってるし、猿は「魔が去る」。ふくろうは「不苦労」で、これもまた縁起物である。

駄洒落で納得のゆく物すべてが、縁起物になっていく根底には、言霊《ことだま》に対する信仰と畏怖が流れていると言われている。言葉にはすべて力がある。ゆえに、同じ音を持つものは、共通した力を秘める、というわけだ。だから、不吉な言葉に通じるものは嫌われ、葦は「悪し」だから「ヨシ」と言い、スルメは「擦《す》る目」に通じると博打《ばくち》打ちに嫌われて、「アタリメ」と言い換えられるのだ。

spot 04

日枝神社

恐るべしオヤジギャグ「マサル」君とはどなた？

江戸城の鬼門《きもん》を護るのが将門《まさかど》サマなら、裏鬼門を護るのはマサル君だ！

……意味のわからない人は、赤坂の日枝神社《ひえじんじゃ》に行ってみよう。マサル君に会えるはずである。

日枝神社は江戸幕府が当地に開かれる以前から、江戸の総鎮守《そうちんじゅ》として存在していた。武蔵野を開拓した江戸氏、江戸城を造った太田道灌《おおたどうかん》、そして徳川幕府から、篤《あつ》い崇敬を受けたのがここだ。

最初、このお社《やしろ》は江戸城内に祀《まつ》られていた。のち、様々な理由で数回遷座《せんざ》を繰り返し、現所在地に落ち着いたのは、将軍家綱《いえつな》公のとき。

以来、江戸城の主が変わっても、ここは「皇城の鎮」として、皇居・東京・ひ

access

いては日本を護っているというわけだ。ご立派。

危ない方位を護る神サマというのは、強い方でなければ勤まらない。日枝神社の祭神も、大山咋神《おおやまくいのかみ》という、スケールのでかい神サマだ。どうスケールがでかいかというと、この神サマ、いわば、日本の大地主とでもいうべき方なのだ。つまり、大地なくして暮らしていけない人間はじめ、動植物全部の大家さん的存在というわけ。このお方に逆らうと、日本という長屋の店子《たなこ》から外されてしまうことになる。コワ……。

とはいえ、神仏分離以前のここは、山王権現《さんのうごんげん》という神サマを祀っていた。こちらのお方は、比叡山《ひえいざん》所縁《ゆかり》の山の神サマ。徳川家の菩提所《ぼだいしょ》である東叡山寛永寺《とうえいざんかんえいじ》と、深い関係を持っている。

江戸の町は、幕府の黒幕・黒衣の宰相《さいしょう》と称された、天海僧正《てんかいそうじょう》の影が色濃く落ちている。江戸の宗教的な街づくりは、天海僧正の思惑に負うところがとても多いのだ。

家康と共に江戸に入った僧正は、幕府の霊的護りを固めるために、京都の鬼門を守護している比叡山を東叡山とし、江戸の東北方面に置いた。そして比叡山の

地主神であった山王権現サマに、裏鬼門の守護を頼んだのである。

ちなみに、日枝神社の「ひえ」も、比叡山の「ひえ」から派生した名前。幕府は比叡山の神仏を江戸の護りの中枢に設置したというわけだ。

日枝神社は数度移転したと記したが、今現在も、いや現在こそ、社は江戸城・皇居の真裏鬼門に位置している。幕府がいかに、山王権現の力を頼みとしていたか、推察して余りある。

実際、江戸時代には、日枝神社と神田明神《かんだみょうじん》の山車《だし》だけは江戸城内に入ることを許されたとか。鬼門と裏鬼門の神サマは、どこまでいっても、特別待遇だったのだ。

マサル君の話に移ろう。

マサル君は、日枝神社の神サマのお使い猿だ。神社に行けば、神門と拝殿の両脇に、夫婦のお猿さんが並んでいるのが見て取れる。

このお猿サンがなんで、マサル君と呼ばれるようになったかというと……そう。「魔が去る」から！　日本人大得意の駄洒落である。

しかし、猿を「魔去る」とひっかけた信仰は、東京の日枝神社に限った話ではない。

京都御所にも、マサル君は鬼門避《よ》けとして祀られている。その東北、幸神社《さいのかみしゃ》にもいるし、そのまた東北、赤山禅院《せきざんぜんいん》の屋根の上にも、マサル君は立っている。

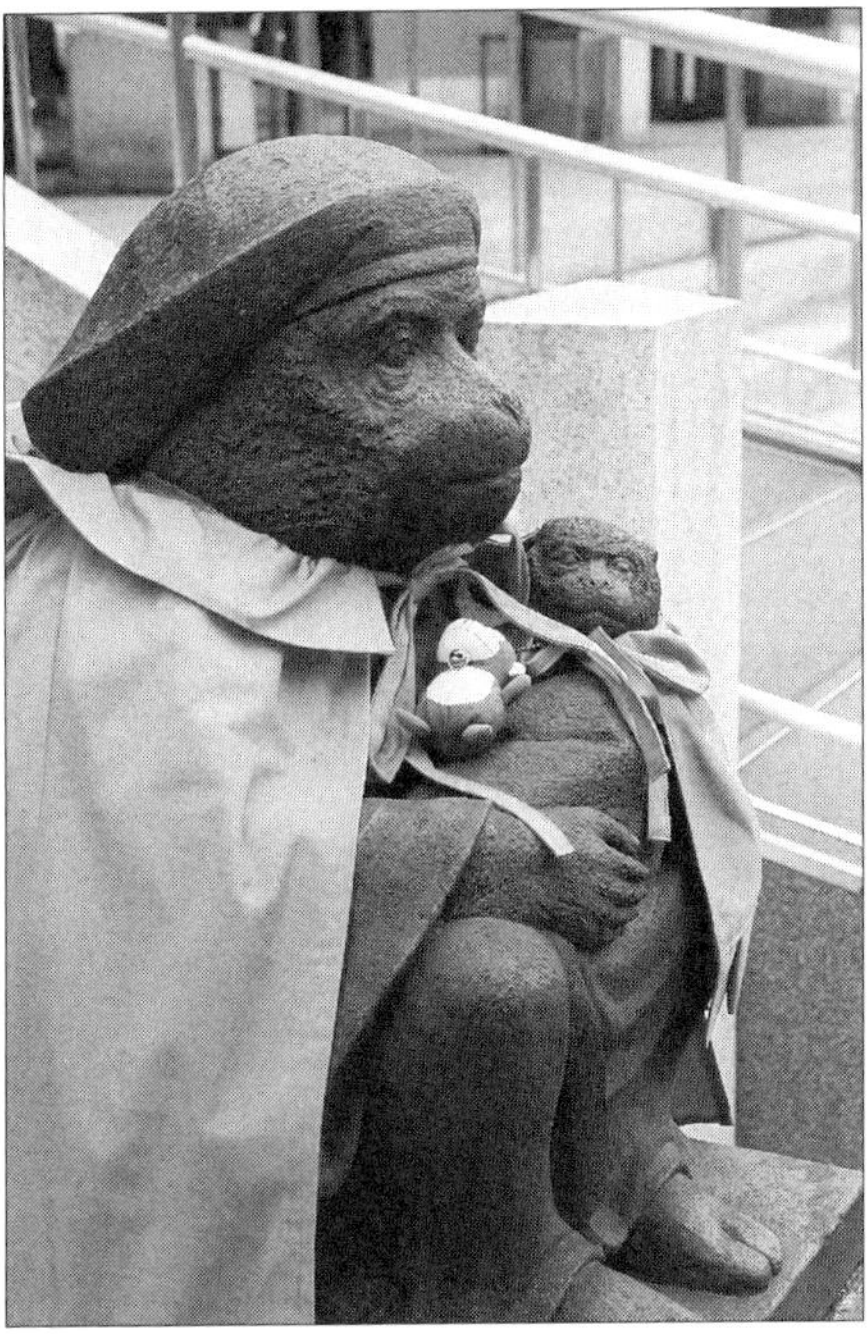
御婦人は向かって左側

日枝神社はじめ、これらはすべて京都の鬼門守護である比叡山に縁があるので、比叡山が「猿は魔去る！」と言い続けた結果かも知れないけどね。

しかしねぇ……。

ここまで、ご神徳やら縁起物やらに駄洒落が連発されると、ちょっと尋常《じんじょう》じゃない感じがしてくる。

もしかすると、日本の神サマは本当に駄洒落が大好きで、言葉遊びに反応して、バリバリご利益《りやく》を授けてしまうのかも知れないな。

私とて、ときどき呆れはするものの、そういうものを笑い飛ばす気にはなれないし。心のどこかでは「ご利益ありそう」と思ってしまっているのである。

特に、ここの神サマは徳川以前から徳川以後まで、ずうぅっと信心され続けている、超強力な神サマだ。

その神サマが「猿は魔去るッ！」と仰《おつしや》るのなら、「そのとおり！」と言い切って間違いないに違いない。

鬼門

鬼門は北東。裏鬼門は南西。共に風水で悪い方角とみなされている方位である。文字どおり、鬼のいる方角とされ、ことに真鬼門の方角は宅地や都市の造成において、警戒を要するところとされた。この思想の根っことなった風水は、奈良時代に中国などの道教圏からやってきた。が、現在、風水の本場である香港や台湾では、鬼門は重要視されてない。つまり、日本は伝来当時の古い風水思想を、そのまま大切にしているというわけだ。

こう記すと軽視しがちだが、「これはこう」と、長年、思い込まれたものには力が宿るというのが、呪術的思考。日本人にとって、鬼門はやはり恐ろしい場所なのである。

spot 05

鬼子母神と朝顔市

なぜ、鬼子母神《きしもじん》さんで朝顔か？ それは……

access

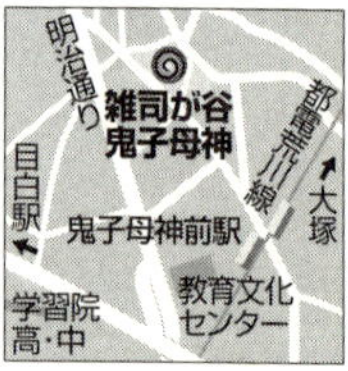

夏は祭りの多い季節だ。京都の祇園《ぎおん》祭りや、東北のねぶた・ねぷた祭りやら、阿波踊りや、よさこい祭りやら……数えればきりがないほどだ。

夏の時期に祭りが多いのは、盆と疫病に関係している。死者が里帰りをする盆の時期、彼らを送迎する行事として発達したのが、ねぶたや各地の盆踊り、そして花火大会となる。一方、暑い時期に蔓延《まんえん》しがちな伝染病を警戒し、疫病神を追い払う行事が立派になったのが、祇園祭りに代表される御霊会《ごりょうえ》というやつである。

そんな中、小さいながらも東京で賑わいを見せるのが、入谷の朝顔市だ。市が開かれる入谷鬼子母神は、「恐れ入谷の鬼子母神、そうで有馬の水天宮、志やれの内のお祖師さま」（by 大田蜀山人《おおたしょくさんじん》）と、狂歌になっているとおり、霊験あらたかなことで知られている。

ここのお寺の本名は、法華宗の眞源寺《しんげんじ》。万治二年（一六五九）に建立された当時から、鬼子母神サマを祀《まつ》っていたとか。

私はこの、鬼子母神サマと朝顔の関係に興味を持って、この祭りを訪れたのだが……由来を調べてみたところ、朝顔市は盆や疫病とは無関係。そればかりか、鬼子母神サマとも関係ないという話であった。

この朝顔市、要は昔、入谷近くに朝顔作りの名人がいたから、というだけのものらしい。

朝顔はもともと、漢方薬として中国から伝わってきたもので、最初は観賞用ではなかった。これが園芸として流行したのは、江戸時代になってから。

奇種や珍種が沢山出る中、活躍したのが、鬼子母神の側に住んでいた植木職人、山崎留次郎というお人。いわば、彼こそが入谷朝顔の元祖というわけ。だけど、実際、入谷の朝顔が有名になったのは、もっと後。ここらに植木屋が集まった明治になってからという。しかも、それが「朝顔市」として定着したのは、もっとのちの時代となる。

今現在の繁盛は、昭和二十二年（二十三年とも）に往時を偲んで、市を復活させてからのことという。

おやおやヤレヤレという感じだが、神仏に関係ないならば、祭りがつまらん、というわけではない。事実、市に入った途端、「どんな朝顔、買おうかなっ？」――仕事もそっちのけ。職人達の呼び声や、お客の熱気に当てられて、あっという間に、私はただの客になってしまったのである。

無関係と言っても、市が立つのは、鬼子母神サマの境内周辺だ。今では「朝顔守り」なるものも、眞源寺では分けている。まずはそれを頂いて、ずらりと並んだ朝顔屋さんの中に突進。見渡すと、普通の朝顔に混ざり、「西洋朝顔」「つばめ朝顔」「夕顔」「イリオモテ朝顔」「ファッション朝顔」などが売られて……ん？「ファッション朝顔」ってなんなんだ？

「あー、これね。蔓《つる》を絡める棹の立て方が違うのよ。ラティスっぽいでしょ」

粋なお姉さんは答えてくれた。

なるほどね。言われてみれば、そのとおりだが、言われなければ気がつかないゾ。

近年は四種類の苗を植えた「四色咲き」が流行らしく、一鉢がかなり華やかだ。

渋い小豆《あずき》色の「団十郎」という種類の花も人気らしい。

それらの鉢を前にして、売るほうも買うほうも、真剣だ。私も結局、一時間近くかけて選んだ挙げ句、一鉢を購入。編集者は二鉢購入。カメラマンは花より団子と、私たちを尻目に買い食いに走った。

……お祭りは晴れの場所である。どうしたって、仕事という日常からは離れちゃうのだ。

さて。少し頭を冷やそう。入谷と並んで有名なのが、雑司《ぞうし》が谷《や》の鬼子母神だ。鬼子母神繋がりということで、我々は同日、こっちも参拝することにした。

こちらの正式名称は日蓮宗法明寺《ほうみょうじ》。ご神像は、永禄四年（一五六一）に池から掘り出されたもので、現地に祀られたのは天正六年(一五七八)。今も境内に祀られている、武芳稲荷《たけよしいなり》サマの敷地に引っ越してきて、雑司が谷に定住した。

入谷の鬼子母神サマは戦争で燃えてしまったため、往時の姿は留めていないが、雑司が谷は昔のまま。寛文四年(一六六四)建立という、お堂の雰囲気も荘厳だ。

また、広い境内を見渡せば、大きな銀杏が聳《そび》え立ち、たくさんの猫がなごんでいる駄菓子屋さんなども目に入る。都内では珍しい古刹《こさつ》の雰囲気のある場所だ。

朝顔の花と傘の花、どっちが多い?

ちなみに、入谷も雑司が谷も、鬼子母神サマは「鬼」の字を「鬼」と記している。鬼子母神サマはもともとは人の子を喰らう鬼であったが、仏道に帰依《きえ》にして改心したため、角を取ってしまったのだとか。

入谷の朝顔を持ったまま、雑司が谷に到着すると、なんとここでも、縁日の市が立っていた。その名も「夏市」(……西○か?)。

「やっぱり、この数日間って、鬼子母神サマにゆかりのある日なんじゃない?」

一瞬、期待を抱いたが、ジャガバタやあんず飴の出店の奥、並んでいるのは、「入谷の朝顔」という紙札をつけた朝顔売りだった。境内には、「蕣《あさがお》塚」なんてものもあるのだが、単に、入谷の縁日に合わせただけということらしい。鬼子母神サマという方は、ノリで縁日を増やす神サマなのかもね。……と書いたら、八のつく日は鬼子母神サマの縁日です! と、法明寺から怒られてしまった。ゴメンナサイ。

さて。昔からのここの名物は、朝顔ではなく「すすきみみづく」だ。これは江戸時代からある郷土玩具で、薄《すすき》の穂を可愛らしいミミズクの姿に作ったもの。また、ここは奉納のための絵馬も、味があって、すごくいい。

鬼子母神所縁《ゆかり》の柘榴《ざくろ》や、お稲荷さんを描いた板絵馬、裏手にある妙見《みょうけん》サマのた

めの土鈴形の絵馬など、思わず、みんなお土産として求めたくなるセンスの良さだ。

一般に、鬼子母神サマは安産、子育てのご利益があると言われるが、東京にある両鬼子母神は、楽しくって懐かしいグッズがそろう場所でもある。

東京の市

人口が多かったせいもあるのだろうが、江戸・東京には沢山の面白い市がある。盆に因《ちな》んだ「ほおずき市」に、師走に立つ「だるま市」や「酉の市」。春から夏にかけては、神社仏閣の縁日にひっかけ、各地で植木市（草市）が催される。最近は見かけなくなってしまったが、一昔前までは、大きな社寺の裏手では、年末に「年の市」が開かれていた。これは注連縄《しめなわ》やお供えなど、正月飾りなどを売る市だ。

その他「どろぼう市」や「ぼろ市」などというものもあり、これらは今の、骨董市やフリーマーケットに近い感じだ。

spot 06

亀戸天神

牛もいますが、亀もいます。「おいぬさま」も

今更、言う必要もないけれど、天神サマとは菅原道真公《すがわらのみちざねこう》を指す。このお方がもともと人間だったのは、誰もが知っていることだ。

彼は平安時代の貴族であり、学者であり、文章《もんじょう》博士となるほど博学なお方だった。だが、藤原時平の讒言《ざんげん》（陰口）を真に受けてしまった天皇により、九州大宰府《だざいふ》に左遷され、そのままそこで亡くなってしまった。

これだけならば、可哀想な人というだけの話だが、道真サマ、よっぽど恨んだのだろう。死してのち、彼は怨霊となり、陰口を言った連中に片っ端から祟《たた》りまくった。すっかりビビった役人達は、彼の心を慰めるため、あるいは怨霊を封じるために、道真公を神として、北野天満宮に祀《まつ》ったのである。

access

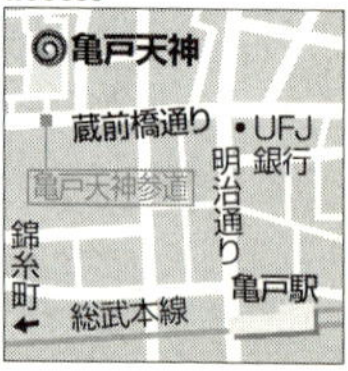

――これがいわゆる天神サマの始まりだ。天神サマと呼ばれるゆえんは、怨霊となった道真公が、雷を自在に落としたから。即ち、火雷天神という神サマと同じだと思われたからという。

神と等しいほどの能力を持つ怨霊なんて、ちょー強力だ。しかし、この怨霊は、なぜか時が経つにつれ、恐ろしい存在としてではなく、学問の神サマとして信仰されることになってしまった。

どんな存在でも、神と聞いたからには、ご利益《りやく》を求めるのが日本人。ある種、怨霊よりも恐い気が……。

ともあれ、今は受験生にとって、道真サマはなくてはならない存在だ。

そのせいか、天神サマは日本中、どんな地域でも祀られている。東京において有名なのは、湯島天神《ゆしまてんじん》と亀戸天神《かめいどてんじん》だ。

湯島は梅が名物で、亀戸は藤が名物で。どちらも今は、麗《うるわ》しい花の名所となってるが、今回は亀戸天神を訪れてみることにしたい。

亀戸天神は、寛文二年（一六六二）、道真公の末裔《まつえい》である菅原大鳥《すがわらおおとり》居《い》信祐公《しんゆうこう》が太宰府天満宮より勧請《かんじょう》した。

池に掛かった赤い太鼓橋を渡ると、季節によっては、梅花と藤が見事な風情で迎えてくれる。が、爬虫類《はちゅうるい》の嫌いな方は、絶対、下を見ないように。

大きな池には、百匹を優に超えるであろう、大量の亀が蠢《うごめ》いてるのだ。

クサガメやらアカミミガメやら。縁日で買われたなれの果てと思われるのが、石の上やら水中にぎっしり……。亀戸という名にちなんでいるから、と、納得できる気もするが、「あら、可愛い」とやり過ごすには、ちょっと量が多すぎる。

皆さん、ペットは責任を持って、最後まで面倒見ましょうね。

さて。この亀戸という地名は、昔、この近辺に亀ケ井という涌水があったことに由来する。本殿向かって右手奥には、この井戸に因《ちな》んで、亀を象《かたど》った石像と井戸が据えてある。ここ、昔は水があったのかも知れないが、少なくとも、私が生まれた頃には、すでに水の気配はなかった。何にせよ、往時を偲《しの》ぶため、そこに足を向けるなら……ふふふ。誰もが亀と同時に、犬に遭遇するはずだ。

赤い幕の張られたお堂に、ずらりと下がった千羽鶴。ピシッと整った雰囲気の表とはまったく異なった、ドメスティックかつ怪しいお堂は「おいぬさま」を祀った祠《ほこら》だ。

祠の中には、妙にラブリーなワンコの像が塩にまみれて座っている。

この塩は信者が「おいぬさま」に捧げたり、逆にここから塩を頂いて、病気治しや商売繁盛を祈るためのものなのだ。

数年前、有志によって、お堂は新しく建て直され、かつ、塩も随分、取り除かれた。けど、私は昔を知っている。

一昔前まで、「おいぬさま」は影も形も見えないほど、塩に塗り込められてい

ラブリー？

た。そして現在「おいぬさま」となっている看板は「犬神」と記されていたのであった。私はそれを見ていつも、怖いけどステキ、と思ってたのだが……。

生憎、今は迫力不足だが、十年もこのままでいたならば、再び、この「おいぬさま」は塩に埋もれて、怪しさ爆発となるだろう。怖いのがヤな方、興味のある方は今のうちに、ご神体を拝見しておこう。

ちなみに、このお堂に対する信仰と、菅原道真公を祀る亀戸天神は直接、なんの関係もない。「おいぬさま」はもともと、ここの摂社を護っていた狛犬《こまいぬ》だったということだけど、現在は信心する人のため、軒を貸しているだけらしい。従って神主さんに伺っても、なぜ狛犬が信仰対象となったのか、要領を得る話はきけなかった。

しかし、奉納した塩をどう用いるのか尋ねたところ、キッパリと、こんな答えが返ってきたゾ。

「怪我に効くと聞きますよ。塩を傷口に擦り込むんです」

……本当か？　本当なのか!?　あなたは因幡《いなば》の白兎を騙した、ワニじゃないのかっ!?

信じるほうに一票の方、ご自分で試してみてください。

怖い犬神

昔、「犬神」と記されていた看板に、私がビビッたのには、わけがある。犬神というのは、呪術によって作られた使役霊獣《しえきれいじゅう》を指す場合がほとんどだからだ。

この犬神製造法が、なにしろ無茶苦茶怖いのだ。

犬神を作るには、これと思った犬を首だけ出して土中に埋め、口の届かない場所に食物を置き、ぎりぎりまで飢えさせる。そして、犬が主人を恨みに恨んで餓死する寸前、その犬の首を切り落とし、神として祀ると言われている。

そうやって作られた犬神は、主人の欲望を意のままに叶える反面、気を許すと主人を取り殺すオソロシイ霊獣に変化するとか。

亀戸天神の犬神は、顔を出したら案外、ラブリーだったので、ホッとしている所存である。

spot 07

飛不動

飛んでる神サマに集う美男美女

access

人間に欲がある限り、神仏にもご利益《りやく》がある。

ここ龍光山正寶院《りゅうこうざんしょうぼういん》の不動明王は、飛行護《まもり》、即ち飛行機が落っこちないようにしてくれるという、お不動サマだ。

この御守りを頂くため、ここにはハンサムなパイロットやら、麗《うるわ》しきスチュワーデスの参拝が絶えないという。美人スッチーや、美形パイロットをゲットしたい方には、お勧めのナンパポイント……という話はおいとくとして、このお寺は、江戸時代から、道中安全にご利益があるとして信仰されていた。

正寶院の創建は、享禄三年（一五三〇）。天台宗系・本山派の山伏であった修《しゅ》験僧《げんそう》、正山上人《しょうざんしょうにん》という方が、諸国巡礼中、龍の夢を見た縁で、この地に不動明王を祀《まつ》ったのが始まりだ。

龍に縁のある、このお不動サマが、自ら龍のように飛ぶ「飛不動」といわれるようになったきっかけは、江戸っ子たちが、この方に熱烈なラブコールを送ったのが原因だ。

お寺が創建されてまもなく、住職はお不動サマを背負って、修験道の聖地である奈良の大峰山《おおみねさん》まで運んでいった。留守中、江戸のお寺では、お不動サマを信心している人たちが毎日毎日、一生懸命お祈りをした。と、お不動サマはそれを察知して、一夜にして、大峰山から江戸に飛び戻り、皆々の願いを叶えたのである！

以来、正寶院のお不動サマは「飛不動」と呼ばれることになるのだが……。

いきなり、お不動サマに帰られちゃって、住職、焦っただろーなー。自分より、一般人の呼びかけのほうを選ぶだなんて、自信なくしたに違いない。

それはともかく、ここの絵馬には、背中の炎をたなびかせ、雲に乗ったお不動サマが描かれている。スピーディな感じがなかなかよろしい。

外国のパイロットやスチュワーデスも訪れるのか、お寺で分けているリーフ

レットには、英語の説明もついている。

「飛不動」いわく「FLYING DEITY」——飛んでる神サマ！ すばらしい。

ちなみに、このお寺、お不動サマへの拝み方がちょっと変わっているので紹介しよう。

本堂の前の看板に「一礼二拍手一礼をして、お不動サマの真言を唱えてください」と、記されているのだ。

つまり、お辞儀して、パンパンと二回手を打って、真言（密教で用いる仏サマへの唱え言）を唱えてお祈りし、最後にもう一度、お辞儀をするのが作法なのである。

普通、お寺では柏手《かしわで》は打たないものなのだけどね？

寺務所に行って、尋ねると、

「お願いをするときは、まず周りを清めるために手を打つのです」

こんな答えが返ってきた。

パンパンと手を打つことは、お清めになるということだ。逆に、手を打たないで拝むのは、供養のときの作法とか。

　長年、社寺を巡っているが、こんな話は初めて聞いた。多分、ここだけの話だろうと想像するが、郷に入っては郷に従え。飛不動サマは柏手を打って拝みま

ここで柏手を打つべし

しょう。

お節介ながら記しておくと、不動明王の真言は「のうまく　さんまん　だ　ばさら　だんせん」。これが一番、短いものだ。お寺の看板にも書いてあるので、舌を嚙まないように唱えてね。

さて。ここでは航空安全に関するさまざまな御守りを分けている。実は私も、以前、海外旅行をするときに、飛不動サマの御守りをここに享《う》けにきたことがあるのだ。

授与している御守りは、普通の袋に入ったタイプから根付タイプなどさまざまだ。私が当時頂いたのは、一般的な御守りと、「航空安全」と記された千社札のようなステッカーだった。

このステッカー、スーツケースに貼っておくと異常に目立つ。しかも、航空安全のみならず、荷物を出すとき、自分のスーツケースがすぐにわかるという優れもの。

見た目、ちょっと恥ずかしいけど、安全には代えられない。

海外旅行に行かれる方の必須アイテム、と言っておこう。

庭の隅で語らう羅漢《らかん》さん

職業と神様

飛不動が航空関係者に人気が高いように、数ある神仏の中には、特定の職業に就いた人々の守り神として信仰されているものがある。

漁業の人の恵比寿さん、武道家の鹿島・香取大明神などは、割り合い著名だろうけれど、中にはかなりこじつけに近いものも存在する。

たとえば、愛染明王は、愛染と藍染のシャレで、紺屋の護りとなっている。田道《たじ》間守《まもり》という人は、菓子屋の守護神とされている。この人は垂仁《すいにん》天皇のとき、常世国《とこよのくに》から非時香菓《ときじくのかくのこのみ》、即ち橘《たちばな》の実を持って帰ったとされる人物だ。果物屋ではなく、菓子屋の守護となったのは、昔、果物を水菓子と呼んでいたため。小野一族の祖先を祀った小野神社は、餅屋の守護神となってるが、なにゆえ、ここが餅なのか。私には未だわからない。

spot 08

こんにゃく稲荷

こんにゃくの御符、ってコレですか!?

access

神仏には、さまざまな俗称を持ったお方がいるが、ここ、墨田区八広におわすお稲荷サマは、俗称を「こんにゃく稲荷」という。

何がどうして、コンニャクなのか。

以前から、ずっと気になっていたので、とりあえず、参拝して調べてみることにした。

下町の路地を入っていくと、住宅街の真ん中に、いきなり鳥居が見えてくる。一見、どこにでもある普通の神社だ。が、趣のある社殿は、さすがコンニャクを名乗るだけのことはあり、凝った造りを呈している。……すいません、真面目に話します。

神社の正式名称は、三《み》輪《わ》里《さと》稲荷《いなり》神社《じんじゃ》という。由来に依れば、慶長十九年（一六一四）、出羽国《でわのくに》湯殿山《ゆどのさん》の大日坊が大畑村（旧地名）の総鎮守として、羽黒大《はぐろおお》神《かみ》の御分霊を勧請《かんじょう》し、三輪里稲荷大明神として御鎮座したのが始まりとか。

羽黒大神とは、修験道で有名な山形県の出羽三山（羽黒山《はぐろさん》・月山《がっさん》・湯殿山）の神サマの中の一柱。羽黒山の祭神・倉稲魂神《うかのみたまのかみ》は即ち、お稲荷さんのことである。

その神サマをここに持ってきた大日坊という方は……も、もしかしたら、今現在も大日坊に座っている、あ、あの「お方」という可能性がある。ブルブル。

何をビビッているかというと、湯殿山の大日坊には、真如海上人《しんにょかいしょうにん》という即身《そくしん》仏《ぶつ》、即ちミイラがいらっしゃるからだ。

即身仏とは、衆生救済のために断食行を行って、生きながらにして自らミイラになる道を選んだ行者さんのことをいう。こんにゃく稲荷をここに勧請した方は、大日坊の人というだけで、即身仏になった方そのものという記録はない。が、も、もしや……。

もっとも、実際の即身仏は怖いというより、カッコいい方がほとんどだ。信仰のため、命をも絶つ意思の持ち主は、ミイラになっても面差しがしっかりしてい

らっしゃる。

怖がったふりはしてみたものの、正直、東京の下町に、即身仏の足跡を想像するのは楽しいことだ。

さて。そんなカッコいい上人サマと、コンニャクはいかなる関係を持っているのか。

神社の方に伺うと、こんにゃく稲荷のいわれはなんと、初午《はつうま》の日、この神社で授与している「こんにゃくの御符」から来ているとか。

「こんにゃくの御符」??

あの四角いコンニャクに、呪文でも書いてあるのだろうか。

びっくりしてしまったが、好意で分けて頂いた実物はもっと、ビックリだった。私たちが知っているお札や御符とはまったく違う。竹串に、僅かなコンニャクが巻きついてるだけのものだったのだ。

御符は喉の痛みや風邪にご利益覿面《りやくてきめん》で、神棚に置いたりするものではなく、煎《せん》じて飲むものであるという。しかし。まぁ、その……。下品な比喩をするならば、串田楽を歯でこそげ取った、残りのような感じなんだな。

この御符のいわれもまた、大日坊が関係している。江戸に悪性の風邪が流行ったとき、上人がこれを当地の人に分けて、伝えたものだとか。

だが、本家本元の大日坊には、こんな御符は存在しない。そう言うと、神社の方はニコニコ笑って、答えてくれた。

「そうなんです。御符はここだけのものなんです。でも、湯殿山のある山形といえば、コンニャクが有名じゃないですか」

お狐サマも軒の下に集う

――わかったぁ！　玉コンニャクかぁっ!!

確かに、あのアツアツは、風邪気味の人には嬉しいだろう。きっと大日坊さんは冬の時期、地元の人に郷土料理をふるまったのに違いない。それがいつしか(誰かが、ケチをしたためか)、コンニャクが小さくなって、今の形に落ち着いたのだ。

ちなみに、取材当時、風邪をひいていた私は、帰って早速、それを煎じて飲んでみた。

御符と同時に頂いた「お札クッキング法」は以下のとおりだ。

「御符六～七本に対し、水または湯二合程度をやかん等に入れ、煎じてその湯をいただきます。必ず竹串ごと煎じてください」

マニュアルどおりに御符を煮出すと、お湯に薄い色がつき、竹の匂いが漂ってきた。味はほとんどないけれど、ちょっと、塩気があるような感じだ。

案外、美味い。しかも、しっかり、風邪は治ってしまったのだ！

単純な私だからこそ、「病は気から」で、治ったのかも知れない。が、人間の医者より、神サマのほうが腕がいいに決まっている。

初午のお祭り以外でも、御符は分けていただけるので、風邪をひいてしまった方、試してみるとよろしいかと。

初午

日本の古い暦には、日ごとに子丑寅《ねうしとら》……と、十二支が割り振られている。このうち、二月、最初に来る午の日を初午という。

この日に京都伏見稲荷大社の稲荷が降臨したという伝説により、初午は全国の稲荷神社の縁日となっている。また、地方によっては、この日を牛や馬の祭日とし、お蚕《かいこ》様の縁日とする地域もある。蚕も日本では重要な神。午の日と蚕の関係は、東北のオシラサマ伝説に基づいていると言われている。オシラサマとは、東北地方で信仰される養蚕の神であり、馬と人の異類婚がその起源として語られる。多くは言わんがちょっと、いや、かなり怖い神サマだ。興味のある方は調べてみてね。

spot 09

こんにゃく閻魔

こんにゃくを いただける日も。ありがたや

access

江戸の人間、そんなにコンニャクが好きだったのか……。

前項に続いて、今回は「こんにゃく閻魔《えんま》」の紹介だ。

この閻魔サマがおわすのは、文京区小石川にある源覚寺《げんかくじ》。お稲荷サマのコンニャクは風邪と喉に効いたけど、こちらは特に、眼病に霊験あらたかとされている。

伝説の始まりは、宝暦年間（一七五一〜六四）のこと。

眼病に苦しむひとりの老婆が、ここの閻魔サマに病気平癒の願掛けをした。老婆はコンニャクが大好物だったので、それを断《た》って、源覚寺の閻魔サマに捧げたという。

と、ある晩、彼女の夢枕に閻魔サマが現れて、「お前に我が片目を与えよう」と仰《おっしゃ》った。目覚めると、老婆の眼病はすっかり治っていたのだとか。

伝説どおり、片目をあげちゃった源覚寺の閻魔像には右目がない。普段は、このご尊像、拝むことはできないらしいが、毎年一月と七月の十五、十六日だけは拝観できることになっている。

特に夏のご開帳は新暦のお盆に合わせてあり、〝地獄の釜の蓋《ふた》が開く日〟として、閻魔像と同時に、地獄の裁判の様子を描いた「十王図」の掛け軸が拝見できる。

私が訪れたときは、本堂の改修工事のまっ最中。いつもは薄暗くて見えないという、閻魔サマもばっちり拝めた。

眼病の老婆の縁起に倣い、閻魔サマにお参りするときは、コンニャクを供えるのが定例だ。しかし、上記の縁日はそれとは逆で、閻魔サマがこちらにタダで、コンニャクを配ってくださる。ありがたや。

たとえコンニャク一枚でも、人間というのは、物を貰うと嬉しくなってしまうものだ。が、やはり、地獄の釜の蓋が開く日は怖い。同時に公開される「十王図」は、見れば見るほど、しみじみと怖くなってくる逸品だ。

この十王とは、閻魔サマに代表される地獄の裁判官であり、秦広《しんこう》王・初江《しょこう》王・宋帝《そうてい》王・伍官《ごかん》王・閻魔王・変成《へんじょう》王・泰山府君《たいざんぶくん》・平等《びょうどう》王・都市《とし》王・五道転輪《ごどうてんりん》王という、オッソロシイ方々を指す。

裁判の次第を説明すると、死んでから七日目、即ち初七日にまず、秦広王の裁きを受け、そののち、二七日《にしちにち》（掛け算で行くので、十四日目）に初江王、と上記のとおりの裁判官が登場し、五七日に閻魔王の登場。そうして、七七日――いわゆる四十九日には、陰陽道《おんみょうどう》の最高神でもある泰山府君の裁きを受ける。

別の説では、この四十九日の間、魂は現世でウロウロしているという。とすると、死んだばかりの人間は、現世と裁判所を行ったりきたりしながら、暮らしているんでしょうかね？

地獄に行くのは怖いけど、死んだのち、冥界のシステムが解明されるのはちょっと楽しみな気もするな。

ちなみに、お坊さんの話では、この裁判の最中、死者の不利を弁護するのが遺族の上げるお経だそうだ。

「お前は地獄行きね」と、言い渡されてしまうところで、遺族のお経が聞こえてくると、閻魔サマたちは、その分だけ、罪を割り引いてくれるとか。真偽のほどは、これもまた、死んでみないとわからんけどね。ただ実際、「十王図」を見ていると、

確かに右目が無くていらっしゃる

「ひえー。人の親切に感謝しなかっただけでも、龍の口に閉じ込められちゃうんだぁ……」

もうダメだ、誰かお経を上げてくれ！　という気持ちになってくるのは確かだ。昔はこういう掛け軸を使って地獄の怖さを説明し、人の教化に用いていた。すれっからしの現代人でも、眺めていると薄ら寒くなってくるほどだ。昔の人は物凄く、怖かったのではなかろうか。

ちなみに、このお寺には、歯痛を始めとした病気にご利益《りやく》があるという、塩地蔵サマもいらっしゃる。

石のお地蔵サマに塩を振りかけ、備えつけの錫杖《しゃくじょう》で、具合の悪いところを叩けば、ご利益があるというお地蔵サマだ。

私を始め、同行者のほとんどが、頭と顔を叩いていたが……。

眼病、歯痛、頭のビョーキ。

これもまた、どこまで、ご利益があるかどうかは、ご自分で試してみてください。

地獄いろいろ

地獄の名称については、諸説色々あるのだが、代表的なものを挙げると、罪の軽いほうから順番に、等活《とうかつ》地獄・黒縄《こくじょう》地獄・衆合《しゅうごう》地獄・叫喚《きょうかん》地獄・大叫喚《だいきょうかん》地獄・焦熱《しゃくねつ》地獄・大焦熱《だいしゃくねつ》地獄・阿鼻《あび》地獄となる。また、この最底辺に、無間《むげん》地獄があるともいわれる。

等活地獄は生き物を殺した人が落ちる地獄。「ここに落ちた罪人は互いに敵愾心が強く、それぞれ鉄のような爪で互いにひっかき、傷をつけあって、ついに血も肉もむしりとって、骨ばかりになっても争うことをやめない。また、地獄の獄卒が鉄の杖や棒で罪人を打ったり突いたりして、身体を土塊のように砕いてしまう。あるいは鋭利な刀で、料理人が魚や肉を裂くように、ばらばらに肉を裂く」——『日本の地獄絵』解説より。

いちばん軽い地獄で、これである。下に行くほど、各地獄の十倍、百倍という苦しみが待っているのだ。おそろしや。

spot 10

化け地蔵・後ろ向き地蔵

啞然！(珍)地蔵尊はちょっとお茶目!?

access

江戸・東京には「なんで、こんなお名前に？」と、首を傾げたくなるような、お地蔵サマがいらっしゃる。

その代表として挙げたいのが、「後ろ向き地蔵」に「化け地蔵」だ。

うーむ。お地蔵サマが、後ろ向きになっちゃあ、困るんですけど……。せめて、仏サマぐらい、前向きに生きて欲しいんですけど。

「後ろ向き地蔵」が「後ろ向き地蔵」の呼び名を持ったのにはわけがある。

昔、このお地蔵サマは奥州街道に面していた。そののち、街道裏道の人通りが激しくなったので、お地蔵サマもそちらに顔を向けるよう、奥州街道に背中を向けて据えなおされた。が、このお地蔵サマ、奥州街道が好きだったのだろう。いつのまにやら、もとの方向に向き直ってしまったのである。

ゆえに、繁華街方面から拝めるのは、背中のほうばかり。——ということで、以来、「後ろ向き地蔵」という名を貰ったとか。

今は根岸の薬王寺というところに収まって、きちんと正面を向いている。なのに、名前は「後ろ向き」のまま。一度ついたニックネームは、なかなか消えないということらしい。

ちなみに、ここら辺りは昔、月見や雪見の風流で聞こえた里だった。江戸時代の風流人は、当時片田舎だった根岸に来ては散策したり、俳句を読んだりしてたのだ。

そういう土地に、変わった由来のお地蔵サマがあるというのが、なんというか……。気取っても、どこかアバウトな江戸っ子らしい感じがする。

もうひとつ。

「化け地蔵」と呼ばれるお地蔵サマが台東区橋場に立っている。

こちらにも、伝説があるにはあるが……。正直、これは名は体を現すと言っていいと思う。

これを初めて見た人は、誰でも「うへぇ」とか「うぎゃあ」とか、叫んでしまうはずである。なぜなら、このお地蔵サマ、何気ない路地に立っているには、あまりにも巨大なのである。

これは比喩でも何でもない。橋場の地蔵は、屋根より高いお地蔵さん！　だ。

三メートル以上あるんだよ。

昔は、この方、笠を被っていたらしく、「化け地蔵」の名は、この笠が動いた、という伝説に依る。こんな巨大なお地蔵サマの被った笠が動いたら、そりゃあ、怖いに違いない。私なら、きっと泣いちゃうよ。……などと、記してみたものの、桁外れのスケールは、なぜか人を興奮させる。見ていて楽しく、飽きないのである。下町らしい周囲の景色も、どこかノスタルジックでお洒落《しゃれ》だ。

通りすがりの外国人さんも、かなりギョッとするのだろう。観光地ではないにもかかわらず、現在、ここには英語で書かれた説明板が設置されている。

いわく『ＨＡＵＮＴＥＤ　ＪＩＺＯ』――ホーンテッド　じぞ。

……誰もわかるまい。

「日本には、襟首にエプロンを掛けた、すごく大きなモンスターがいる。ジゾという名の妖怪なんだって」

きっと故郷の国に帰ったのち、彼らは日本の伝説をひとつ増やしてくれるんだろうな。

しかし、このお地蔵サマ。ただでかいだけのモノではない。笠が動いた以外にも、ちゃんと化け地蔵らしい伝説を持っていらっしゃるのだ。

花のお江戸の有名人・平《ひら》井《い》権八《ごんぱち》にまつわる話だ。

実在した平井権八は、辻斬り強盗を働いて、処刑されたロクデナシだ。が、や

大きい！　化け地蔵サマ

はりお江戸の花形スター、幡随院長兵衛《ばんずいいんちょうべえ》という侠客《きょうかく》と結びつけられて、通称「鈴ヶ森」という歌舞伎に白井権八として登場。以来、ヤンキーな美少年として、人気の出たキャラクターだ。

この権八ちゃん、噂によると化け地蔵と会話を交わしたことがあったらしい。夜陰に乗じ、権八ちゃんが化け地蔵サマの膝元で、辻斬りを行った日のことだ。

ふと、上を見上げた権八は、化け地蔵と目が合ったような気になった。もともと、神仏など信じぬ男。不敵に笑って茶目っ気たっぷり、

「言うなよ」

彼はお地蔵サマに、ばっちりウインクをしてみせた。と、化け地蔵は頷いて、

「お前こそ、言うなよ」

答えたという……。

自分で自分の罪をばらすなよ、という意味と、地蔵が喋ったのを吹聴するな、ふたつの意味があるだろう。いずれにせよ、巨大地蔵の一言に、権八は震え上がったに違いない。この勝負、お地蔵サマの勝ちである。

ともあれ、誰が見てもぎょっとして、そして楽しくなる、化け地蔵。

一見の価値、アリである。

化け地蔵

化け地蔵は、江戸に限ったものではなく、全国各地にさまざまな伝承と共に残っている。大概はずらりと並んだお地蔵サマの数が、何度数えても合わない、というもの。関東近辺では、このタイプの化け地蔵は、日光東照宮の側に存在している。考えてみれば、昔話「笠地蔵」も、化け地蔵の一種と言っていいだろう。

辻や村の守りとして、また、子供の守り神として、多くの石仏が彫られたため、地蔵菩薩は前垂れを掛けたり、帽子を被らされたりと、庶民の優しい信仰心を受け止める形代《かたしろ》となっている。地方に行くと、お化粧を施された石地蔵も多く見かける。数多くの仏の中でいちばん、人間同様に扱われるのが、石の地蔵菩薩である。

spot 11

縛られ地蔵

SM系ではありませぬ。縛って縛って祈願成就

お地蔵サマというのは、庶民に近いところにいるせいか、色んな願を掛けられたり、神々しいばかりではない噂を立てられてしまう存在らしい。

こんにゃく閻魔《えんま》なる場所には、「塩地蔵」というものがあり、石のお地蔵サマに塩を塗りつけて、お願いすることになっていた。石仏に塩を塗りつけて祈願をするのは、ここ一ヵ所のことではないが、塩地蔵と共に各地にあったのが、「縛られ地蔵」というものだ。

都内でいちばん、有名なのは、葛飾区にある「縛られ地蔵」だ。

こういうお地蔵サマは普通、道端の祠《ほこら》に祀《まつ》られていたりするのだが、ここの縛られ地蔵サマは、立派なお寺に入っている。

access

その名も、業平山《なりひらさん》東泉寺《とうせんじ》南蔵院《なんぞういん》。名前もかなり、ご立派だ。
業平山という山号は、ご推察のとおり、平安貴族・在原業平《ありわらのなりひら》に由来している。このお寺がもともと建っていた川沿い近くには、業平塚なるものが建っていた。業平が溺死者を弔うために、経を埋めたという塚である。そんな塚の側にあったため、この寺は業平山と言い、また、業平天神なるものも祀ってあるということだ。

さて。業平さんも有名人だが、南蔵院の縛られ地蔵サマも、超ビッグネームと縁を持っている。その人の名は、名奉行・大岡越前守《おおおかえちぜんのかみ》！

縛られ地蔵サマは、いわゆる大岡裁きの逸話の中で、主役を張っているのであった。

話はこうだ。

八代将軍吉宗《よしむね》公のときのこと。日本橋の呉服問屋の手代《てだい》が、荷車に反物《たんもの》を満載し、この寺の前を通りかかった。しばし木陰で休憩を取っているうちに、手代はついうとうとと……。気がついてみると、門前に置いておいた荷車が、反物ごと盗まれている。手代は大慌てで番所に届け、南町奉行・大岡越前守直々の取り調

べを受けることになる。

と、話を聞いた越前守、部下達にこう指図した。

「寺の門前にある地蔵。門の前に立っていながら、泥棒の所業を黙って見過ごすとはけしからん。泥棒と同じ罪ならば、直ちに縄打って召し取って参れ！」

そこで地蔵は縄でぐるぐる巻きにされた上、与力同心に囲まれながら、江戸市中を引き回されて、南町奉行所へ連れて行かれた。

野次馬根性旺盛な江戸っ子たちは、一緒に奉行所になだれ込み、どんなお裁きが始まるのかと、固唾《かたず》を呑んで見守った。それを見ていた大岡越前、頃合いを計って門を閉めさせ、

「天下のお白洲《しらす》に乱入するとは、不届き至極。その罰として反物一反の科料申しつける！」

この一声で、奉行所には、その日のうちに反物の山ができあがる。

手代にそれを調べさせると、山の中から、盗まれた店の反物が現れた。そして、それをきっかけに、当時江戸市中を荒らした大盗賊の一団をお縄にすることがかなったのである。

のち、大岡越前はお地蔵サマの霊験に感謝して、立派なお堂を建立し、盛大な縄解き供養を行ったとか。

——以来、このお地蔵サマは「縛られ地蔵」と称されて、盗難避け、足止め、厄除けから縁結びまでのご利益《りやく》があると、江戸っ子たちに信心された。

お顔しか出てません。現在夕刻

ちなみに「足止め」とは、泥棒をはじめ債権者、家出人、逃げた女房などを探すため、目的の人物を一定箇所から動けなくするという呪術の一種だ。

これらの願掛けをするときはまず、備えつけの荒縄で、お地蔵サマを縛りつけ、その願いが叶《かな》ったら、解いてあげるのがお作法である（自分の縛った縄でなくても、ＯＫよ）。

これ、苔の生えた昔話の類ではない。

南蔵院のお地蔵サマには、今でも連日、大勢の人が願掛けに来る。縄はたった一日で、お地蔵サマの顔が隠れてしまうほど、何十本も巻かれるのである。その縄を毎日、お坊さんは、お寺の門が閉まったのち、解いてあげているのだとか。

私が参拝したときも、お地蔵サマは何十本もの荒縄で、ぐるぐる巻きにされていた。

さすが、というほかはない。

実際、南蔵院ではご本尊より、縛られ地蔵サマこそがスターだ。寺の造りも、門の正面からまっすぐ、大きな香炉越しに、お地蔵サマが拝めるようになっている。

なんだか妙にカッコいい。わたしゃ、もっとドロドロとしたSM系を想像していたんだけどね……。

地蔵をぎゅっと縛ったあと、さっぱりとした境内で、地蔵煎餅なんぞを食べてると、「一仕事終えたなぁ」なんて、爽やかな気持ちになってくるのだ。

地蔵菩薩

仏教の正式な経典に記されている地蔵菩薩は「釈尊の入滅後、弥勒《みろく》仏の出生するまでの間、無仏の世界に住して六道の衆生を教化・救済するという菩薩」(『広辞苑』)である。

お姿は大抵、僧侶の姿(比丘形《びくぎょう》)を取り、左手に宝珠、右手に錫杖《しやくじょう》を持っている。

日本における信仰は、平安時代から中世にかけて盛んになった。地蔵菩薩は閻魔《えんま》大王の本地と考えられて地獄と結びつき、のち、子供の守り神となった。夭折《ようせつ》した子供を鬼から救う仏ともされ、最近では水子供養などにも駆り出されている。

spot 12

王子稲荷

お稲荷サマ大晦日に大集合 そのワケは?

お稲荷サマは誰もが知っている神サマだが、なぜか怖がる人も多い。だが、お稲荷サマを怖がってては、この東京では暮らせない。

江戸・東京には本当に、お稲荷サマが沢山いるのだ。

そのいい例が銀座である。銀座は一～八丁目まで存在するが、なんとあそこは一丁目ごと、お稲荷サマが祀《まつ》られてるのだ。銀座はある意味、お稲荷サマの町と言っても過言ではない。

新宿のど真ん中にも、花園稲荷神社がある。中央区にも千代田区にも、そして、あなたの街の横丁にも……。東京全部のお稲荷サマの数を合わせると、膨大になるのは請け合いだ。

access

さて。そんな東京で、いちばん偉いお稲荷サマと言われているのが、王子稲荷だ。

ここは東京のみならず、関八州《かんはっしゅう》――相模《さがみ》・武蔵《むさし》・安房《あわ》・上総《かずさ》・下総《しもうさ》・常陸《ひたち》・上野《こうずけ》・下野《しもつけ》――の、お稲荷サマの総元締めとなっており、京都の伏見稲荷《ふしみいなり》と並ぶ稲荷社会の大親分だ。

もっとも、伏見大社の規模から比べると、王子稲荷は今、残念ながらとっても小さい。けど、稲荷社会における権力は、衰えてないと言っていい。

その力の証拠のひとつは、ここが江戸のお稲荷サマの昇進試験会場になっているということにある。

人間界にも色々な試験はつきものだが、稲荷世界も例外ではない。稲荷神社に行くとよく、「正一位稲荷大明神」と記された幟旗《のぼりばた》が立っているのを見るでしょう。この「正一位」は人間が、お稲荷サマに与えた官位だ。

位を奉られているお稲荷サマのパターンはふたつ。ひとつは、すごく霊験あらたかなので、人間がお礼として与えたもの。もうひとつは、ものっつ凄くオッカナイので、崇《あが》めておだてて、許してもらおうとして位を上げたものである。うーむ、ちょっと情けないかも。

それとは別に、稲荷は稲荷で、独自の階級を持ってるという。「主領《しゆりよう》・寄方《よりかた》・野狐《やこ》」という三つのランクだ(誰かが昔、お稲荷サマにインタビューして聞いたんでしょうな)。

人に憑いたり、化かしたりする悪い狐は最下級の野狐、即ち野良狐の類である。位の高いお稲荷サマは、人間ごときに取り憑くような下品な真似はなさらないとか。

このランクアップを図るため、お稲荷サマたちは、毎年毎年、王子稲荷で試験を受ける。昇進試験の内容はなんと、「鳥居飛び越え競争」だ！

鳥居を沢山飛び越えるほど、お稲荷サマは神位が上がる。また、自分の社《やしろ》に建っている鳥居の数が多いほど、神格の高さの証明になるとか。

だから信者は、自分の信じるお稲荷サマの神位を少しでも上げるため、赤い鳥居を奉納する。そして、お稲荷サマたちは王子稲荷での本試験に備え、自分の社の奉納鳥居で、日夜訓練するわけだ(本当かなぁ)。

ちなみに伏見稲荷大社でも、同様の試験が行われている。こちらは全国国家試験。王子稲荷は、東京都試験会場だ。人口と同時に狐口の多い首都の試験は、なかなか熾烈な感じがある。

さて。試験と別にもうひとつ。関東のお稲荷サマたちが、王子稲荷に集まる日が十二月三十一日、大晦日だ。

この狐も、昇進試験に向け猛特訓中？　精進精進

この日、関八州のお稲荷サマは皆、王子稲荷に挨拶に伺うのがしきたりだ。

王子稲荷の側にある装束《しょうぞく》稲荷神社で、お稲荷サマはそれぞれの衣装を正装に替え、粛々とお参りするのである。これも稲荷社会の決まりだ。

昔、葛飾北斎《かつしかほくさい》なる絵師がその様子を浮世絵にして残している。狐火と共に、すらりとした狐が描かれているもので、なかなか品のある作品だ。

それは今でも、王子稲荷の絵馬の絵柄になってるし、その習慣もまた、今現在も続いているということだ。

まぁ、粛々とはいうものの、日本の神サマは皆、大酒呑み揃いである。一年ぶりに会った仲間と酒を酌み交わしながら、ワイワイと新年を迎えるに違いない。

現在では、人間たちもそれに倣って、大晦日の晩、王子稲荷に参拝する行事が行われている。その中の何割が人で、何割がお稲荷サマなのか……。

私の予想だと多分、九割が人のふりをしたお稲荷サマだと思うのだが。

確かめたい方は来る大晦日、王子稲荷に集合せよ。コンコン。

稲荷の不思議

お稲荷サマは神道でも仏教でも祀られている。しかも、呼び名がとても多い。宇《う》迦之御魂命《かのみたまのみこと》・御饌津神《みけつ》・豊受大神《とようけのおおかみ》・荼枳尼天《だきに》……すべてお稲荷サマの正式名称と言われるものだ。

一般には、稲荷=狐と思われているが、狐は本来、稲荷神のお使いであり、神サマそのものではないとも言われる。

ご利益《りやく》についても、農耕の神・商売繁盛の神・製鉄の神・鬼門封じ・祟り神・大地の神……と、数限りない。私たちにいちばん身近な神サマだが、実はいちばん、わけがわからないのが、このお稲荷サマという存在なのだ。

spot 13

墨田七福神

お江戸で粋な初詣なら、「七福神巡り」に決まり！

皆様はどちらに初詣に行かれるでしょうか。

私のイチオシは、拝んで楽しい七福神巡りである。

なになに、堅苦しく考えることはない。この七福神巡り、もとは江戸の文人が考えついたお遊びなのだ。江戸の名所を巡り、七体の神サマグッズやスタンプ（朱印）を集め、ご利益《りやく》まで得てしまおうという、なんとも欲張りな行楽が七福神巡りの始まりだ。

この行事は江戸後期から庶民の間で流行し、今では東京のみならず、全国各地で七福神巡りが行われている。

知っているとは思うけど、一応、ここで七福神について説明しておこう。

access

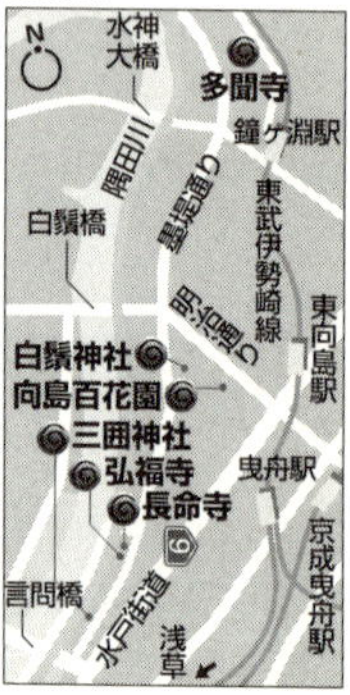

七福神は恵比寿《えびす》・大黒天《だいこくてん》・布袋《ほてい》・弁才天《べんざいてん》・毘沙門天《びしゃもんてん》・福禄寿《ふくろくじゅ》・寿老人《じゅろうじん》で構成されている。

恵比寿サマは、鯛《たい》を横抱きにした大漁＝商売繁盛の神サマ。大黒天はご存じ、大きな袋と小槌を持って米俵に乗る福の神。布袋サマは中国実在の聖人であり、弁才天は芸能の神。毘沙門天はコワモテだが、左手に持っている多宝塔に金銀財宝を隠し持ち、福禄寿は地位を授けてくれるとか。寿老人はもちろん、長寿を約束してくれるお方だ。

これらを定めたのは、徳川家康の参謀であり護持僧であった天海僧正《てんかいそうじょう》という噂だが、真偽のほどはまったく不明。諸説色々あるのである。

さて。今回は、七福神巡りの中でも歴史ある、墨田七福神を紹介しよう。

別にコースは決まってないが、皆さんがよく取る出発点は、文人墨客《ぼっかく》の愛した向島――隅田川の土手沿いに、三囲神社《みめぐりじんじゃ》・弘福寺・長命寺の三つが並んだ神サマ長屋だ。

三囲神社の主祭神は、実はお稲荷サマだけど、脇に恵比寿サマと大黒サマを祀《まつ》った社《やしろ》がある。ここでまず、七福神中、二体の神サマをゲットしよう。

墨田七福神は朱印のほかに、小さな神サマ人形（ご分体）を分けている。それと、道中、二ヵ所で分けている宝船を求めて、七福神集めをして回るのが、このコースの醍醐味だ。

三囲神社には、七福神以外にも「強運守り」「金銀富貴守り」などという豪勢な名の御守りもある。これも買いの逸品だ。また、裏手にはお稲荷サマの祠《ほこら》がずらりと並んでいる。七福神巡りと同時に、こちらを参拝する人も多い。ちなみに、真ん中にある老人像にお参りしてから、お稲荷サマの祠を回るのが通だとか。

次なる弘福寺は、布袋サマ。ここでは江戸以来の伝統を持つ、咳《せき》止め飴が手に入る。この飴を買い、山門近くに祀られている「咳の爺婆《じじばば》」の石像にお祈りすれば、風邪も一発で治るという。三囲神社の祠にしろ、咳の爺婆像にしろ、こういう小さなお社があるのが、社寺の面白いところでもある。

隣の長命寺は弁才天サマで、このお寺の近くには和菓子の逸品「長命寺の桜餅」と「言問団子《こととい だん ご》」のお店がある。どちらも由緒ある名店なので、寄らないと絶対、損である。

これら三社寺の通りには、江戸小物の店も並んでいるし、世界最小と言っていい江戸凧《だこ》を作る職人の出店なんかも出ているはずだ。凧を買って凧揚げしたり、干支《えと》の人形を選んだり、七草の鉢植えを買って帰って、七日に七草粥《がゆ》などを炊いてみるのもオススメだ。

……と、社寺巡りだか買い物マップだか、わからなくなった感じだが、ほれ、七福神巡りの神髄は物見遊山のレジャーである。楽しんでこそ、ご利益もあろう。

お正月にはパアッと……

次に行くのは、寿老人のいる白鬚神社《しらひげじんじゃ》だ。

距離は少し離れているが、正月中は、みんながゾロゾロ歩いているので、それに尾いていけば迷うことはない。ここも露店で買い食いができる。

そののちに行くのは、名園として名高い向島百花園。祀られている福禄寿サマのご本尊は能面だ。この能面始め、七福神のほとんどは期間中しか公開してない。とくと見ないともったいないゾ。

生憎、百花園そのものは、正月中は園内の一部しか開放されていないが、ここの茶屋では甘酒と、アツアツのおでんが食べられる。また、公園の外には、きびだんご売りがいるはずだ。そんなに古い由来を持ったものではないが（確か十五年ほど前から売り出したかな？）せっかくだから食べましょう。

最後、鐘ヶ淵にある多聞寺におわすは毘沙門天サマ。ここは狸を祀ったお寺としても有名で、お寺の脇の庭に入っていくと、昔、狸がいたという小さな穴が残っている。ご分体と同時に、この狸の御守り（ご利益は火伏せ）を貰っちゃうのが楽しいかも。

ふぅ。駆け足で巡ったけれど、これで帰った後、神サマを宝船の上にレイアウ

トして祀れば完璧だ。ご利益抜群……え？　お腹が苦しいし、財布も寂しい？
それは失礼いたしました。

神社仏閣での和の言葉

本文中、「ご分体を分けている」と記したが、これは神社など、神仏を扱う場所で使う言葉だ。お守りやお札は、ただの売り物ではないというのが、神社仏閣の基本姿勢。だから、ご分体は「売っている」ではなく「分けている」となる。ちなみに、お札などを貰うのは「貰う」ではなくて「享《う》ける」となる。値段を訊く時は「いくらですか？」ではなく、「いかほど、お納めすればよろしいですか？」。これがスラスラと言えたなら、神社はきっとあなたのことをデキル奴、と思うはず。ただし、お納めする金額について、相手が「お気持ちで結構です」と言ったら、要注意。ここで百円などを出したら、侮《あなど》られることになる。基本は三以上の奇数の額だ。ペラのリーフレットなどは百円でも、まぁ、いいが、御朱印なら三百円、ご祈禱なら三千円以上包むのが、大人というものである。

spot 14

神田明神・将門公首塚

東京の守護神「将門《まさかど》サマ」の祟《たた》りパワー

access

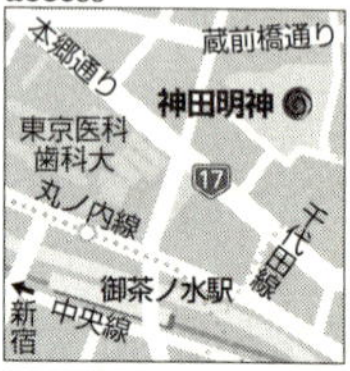

平将門公《たいらのまさかどこう》は江戸・東京の守護神だ。

平安時代に逆賊とみなされ殺された武将が、なにゆえ東京の守護神なのか……。

今回はちょっと長い文字数を割いて、将門サマゆかりの有名スポット、神田明神と大手町の首塚を紹介してみたい。

まずは神田明神。正式名称を神田神社というここは、天平二年（七三〇）出雲氏族真神田臣《まかんだおみ》によって創建された古社である。創建場所は、現在の首塚から皇居の辺り。つまりもともと首塚と神社は同じ場所に建っていた。それがある時期、首塚だけを残して、神社は現在地に移動したのだ。

ただし、神田明神は初めから将門公を祭神として祀《まつ》っていたわけじゃない。もともとはここ、出雲族に所縁《ゆかり》を持った出雲系の氏神様。創建当時に祀っていたのは大己貴命《おおなむちのみこと》だけだった。そこに首塚ができ、のちに将門サマを祀ったのである。

記録によると、慶長八年（一六〇三）、江戸城拡張により神田明神は駿河台に仮遷座《せんざ》。元和二年（一六一六）現在の地に遷座したとある。この遷座は神社や寺院を霊的な結界作りに用いた、江戸幕府の意志である。結果、神田明神は江戸城の東北鎮護——すなわち江戸総鎮守と仰がれることになったのだ。

幕府は将門公の霊力を、江戸城の鬼門守護に欲したのだ。のち、江戸幕府は明神サマの神田祭を重視して、御輿《みこし》が江戸城内に繰り込むことをも許している。

しかし、神社における将門公の立場はずっと安泰だったわけじゃない。明治二年（一八六九）。神田明神は大己貴命と同様、国造りの神である少彦名命《すくなびこなのみこと》を合祀して、東京の守護神・将門公は格下げされてしまうのだ。理由は公が天皇家に逆らった逆賊であったため。のみならず、明治天皇が神田明神に親拝したのをきっかけに、政府は逆賊・平将門を秘かに本殿から外に出してしまう。

これを知った氏子らは、そりゃもう、ムチャクチャ激怒した。当然だろう。将

門公は、江戸という土地の総鎮守。そこに暮らす庶民にとっては、上に立つ幕府や天皇家より身近な存在だったのだ。彼らは自分たちの暮らす大地の守護神への仕打ちに憤激し、ついに当時の神田明神の宮司をリコールしてしまう。が、それでも騒ぎは収まらず、神社側は慌てて将門サマの別宮を建て、「将門神社」と記した額を上に掲げたのだという。

今、神田明神の祭神をちまたの人に訊ねれば「平将門公」以外の名前を挙げる人はまずいない。神田明神は江戸っ子、そして東京っ子が、国に逆らってまで護った聖地なのである。

東京にゆかりを持つ人は一度は挨拶に行くべきだ。祟り神として知られる方だが、身内の者へのご利益《りやく》は篤《あつ》い。お父さんみたいな存在だ。

ちなみに、本書の担当・I氏も神田明神で結婚式を挙げました。メデタイ。将門サマの末長いご加護が得られることでしょう。

さて。

将門公の首塚は、今、ビルの谷底にある。

目立たない祠《ほこら》であるにもかかわらず、サラリーマンらしき人々が、絶えずここにお参りしている。最近は「首」ということで、リストラ除けのご利益を求める人も多いらしい。心情、察して余りある……けど、この首塚は祟り話の名所でもある。

明治。国はこの地に大蔵省を置き、首塚を敷地内の一角に保存していた。しかし、関東大震災をきっかけに、大蔵省は塚跡を整理するという名目のもと、塚を発掘、破壊して、上に大蔵省の仮庁舎を建ててしまったのである。

誰だって、自分のお墓を壊されたなら、怒るよね。案の定、祟りは覿面《てきめん》。ほどないうちに、塚を壊した関係者・大蔵省の役人の中で、死ぬ者や病気になるものが大勢、出始めたのである。特に工事関係者には、怪我人や死者が多く出た。時の大蔵大臣も死んだし、工務部長も死んじゃった。その勢いは留まることを知らず、死者は僅か二年の間に十四人にものぼったのだ。

連続する事故・病気が、将門公の祟りだと噂されたのは当然だろう。昭和二年。ついに国は盛大な将門鎮魂祭を執り行い、塚を造営しなおしたのだ。——将門サマの勝ちである。

祟りはこれだけじゃない。第二次世界大戦後、ＧＨＱがこの塚を取り壊そうと

冬の晴天に朱塗りが映える神田明神。銭形平次ゆかりの神社としても知られている。甘酒屋も名物よ

した時も、将門サマは大いに祟った。

ＧＨＱはここを駐車場にしようと思い、これまた塚を壊そうとした。ところが、あと一歩でブルドーザーが塚に達するという、その時！　ブルドーザーはいきなり横倒しになり、作業員たちは転倒。中のひとりが死亡した。

事情を知らないアメリカさんは、これをただの不幸な事故と考えた。けど、日本側はそれどころじゃない。結局、政府高官が「ここは関東の大酋長の墓だから、どうか触らないでくれ」と、ＧＨＱに泣きついて、塚は残されたのである。

将門サマ、またもや勝利。その上、関東の大酋長にまでなってしまった。

今も首塚の周囲の会社は、塚にお尻を向けないようにデスクの配置を考えている。近年もバスの関係者から「あの道はコースからは外れているけど、何かの都合で、日が暮れてから首塚の前の道にバスを停めると、そのあと、必ず事故に遭うって話があってさ。停めないようにしてるんだ」……そんな話を聞かされた。

祟りが生きているということは、神サマも活きているということだ。だから皆、熱心に手を合わせる。でもね、怖いばかりじゃない。過日、テレビで、某オペラ歌手が首塚の前に車を停めてうたた寝したら、夢に首が出てきたという話を

していた。

夢の中、彼女が将門サマに「別に怖くないよ」と言うと、その首は「そっかー。良かった。俺、みんなに怖がられるのがいちばん、嫌なんだよねー」と嬉しそうに語ったという。

将門サマ、本当は可愛い男なのかも知れないね。

東京の将門系

神田明神と首塚の他にも、東京には将門公ゆかりの場所がある。証券取引の中心・兜町《かぶとちょう》の名の由来である兜神社は、将門サマの兜を埋めたと言われる神社。神社の並び「鎧の渡跡《よろい》」は鎧を納めたところである。

新宿にも、鎧神社がある。また、区役所通りの側・鬼王神社は将門サマ本人を祀る。その他、ＪＲ飯田橋駅の側にある津久戸八幡神社、早稲田の水稲荷神社、浅草・神田山日輪寺など。東京中に将門サマは散らばっているのだ。

spot 15

お岩様

お岩稲荷で「ついてるよ」……って何が!?

access

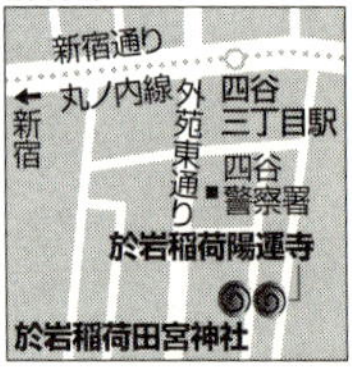

「お前、今日はどこ行くの？」

「四谷。お岩稲荷サマ」

「な、なんで？　お岩サマのこと書くの!?　それとも、もう何か失礼を……!?」

「してない！　書くから、挨拶に行くの！」

お岩稲荷に行くというだけで、我が家はこの騒ぎである。お岩サマは日本でいちばん有名な怪談の主人公だ。実在したお岩サマは心優しい貞女であったという話だが、それよりはやはり『東海道四谷怪談』のイメージの方が強かろう。

演劇・ドラマ、小説に至るまで、この方を取り上げる場合は、礼を尽くしてお参りしないと、罰が当たると言われている。

実際、私は悪口を言って事故った人や、いきなり目が腫れてしまったという人の話を聞いている。ウチの家族も同様だ。どうも東京人の間では、前に取り上げた将門《まさかど》サマとお岩サマは怖い神サマの双璧らしい。

「お岩サマは、絶対に呼び捨てにしてはいけない」

「お岩サマと口にしたときは、必ず後ろにお岩サマが立っている」

小さい頃から聞かされてたので、恐怖は身に染みついている。だから、今回もこの原稿を書くに当たって、編集者からカメラマン、イラストレーター、デザイナーまで引き連れて、お参りに行ったというわけだ。

祟《たた》りの真偽はわからんが、きっと向こうの世界にも、肖像権や著作権があるのでしょう。挨拶して、悪いことはない。

場所は四谷左門町――古い町並みを今に残す、なかなかイイカンジの場所である。

通称お岩稲荷と言われる場所は、ふたつある。ひとつは於岩稲荷田宮神社。もうひとつは神社の斜め向かいにある日蓮宗のお寺・陽運寺だ。

私たちはまず、陽運寺を訪れた。と、小さな山門の前に見知らぬオバサンが

立っていて、私らにいきなり言ったのだ。

「もうすぐ来るわよ」——は？

「あんたたち、ついているわよ」

——な、何が憑いてるって？

「知らないで来たの？　運がいいわね！」

なんと、この日は、寒行のお坊さんたちが、お寺に来てお経を上げる日だったのである。私たちは偶然、そこに居合わせたというわけだ。びっくり仰天してる間に、お坊さんたちがゾロリとやってきて、ひとしきりお経を上げると、アッという間に帰っていった。

……呆然。お岩サマへの恐れなんか、どこかに飛んでしまったぜ。

「ラッキーだったみたいだね」

折しも、その日は旧正月の元旦だった。我々は初詣にお岩サマを訪れて、福を貰ったというわけだ。

祟る神サマというのは、反面、強力な力を持つ守護神にもなるという。のちに訪れた田宮神社でも、女性参拝客が一心にお宮を拝んでいた。お岩サマは真面目な人には、超頼りになる神サマらしい。
実際、陽運寺は強力なご利益《りやく》をもたらす場所として、全国的にも有名である。
そのご利益《りやく》とは——ズバリ、縁切り。

この世のものとは思えぬ幽玄な光景に遭遇。
スタッフ一同唖然

ストーカー始め、悪い恋人、伴侶、仕事先などの悪因縁をことごとく、お岩サマは祓ってくれる。

聞くところによると、そのご利益は「縁切り成就日本一」と、全国的に轟《とどろ》いているほどだとか。

もちろん、悪い縁を切ることは、次の良縁に繋がるという意味で、縁結びのご利益もある。お岩サマは確かに、悪い伴侶に悩まされていた、お方。だからこそ、悪因縁に悩まされる人の痛みもわかってくれるというわけだ。

ただし、様々な祟り話が囁《ささや》かれることでも承知のとおり、お岩サマは優しい方だが、無礼を働いた方にはスバラシイ祟りをくださる方でもある。だから、お参りをするときは絶対に礼を尽くすこと。もちろん、呼び捨てにしてもいけません。そして、お参りの甲斐あって、新しい恋人ができたとしても、頂いたお札は大切にね。

ともあれ、当方も、お許しも無事頂けて、こうやって記事が書けました。お岩サマ、ありがとうございます！

……と、やはり、あくまで低姿勢なこの項の原稿なのでした。

芸能と祟り

お岩稲荷には、過去にお岩サマ役を演じた役者たちの奉納額が沢山、掛かっている。この演目のみならず、演劇人はしょっちゅう、危ない橋を渡っている。

数年前、足を悪くして、世を去った天才歌舞伎役者の自伝を歌舞伎にしたことがあった。このときも主演を演じた役者が足を負傷してしまっている。

舞楽でも、演じると必ず死者が出るという演目がある。この演目は過去に数度、上演が試みられたが、無事だった人は皆無である。……なぜ、こんな舞楽を創ったのかね？

二、行ってみます？

spot 16

今戸神社

かわいい？巨大招き猫が鎮座

縁起物《えんぎもの》として、外国人にまで人気があるのが招き猫。この総本山とでもいうべき場所が、台東区にある今戸神社だ。

江戸で売り出された招き猫は、今戸焼で作られた。そして、ここ、今戸神社は名のとおり、今戸焼発祥の地でもある。招き猫がわんさかいるのも、当然のなりゆきというわけだ。

この招き猫、もともとは、ここら辺りに住んでいた瓦職人の片手間仕事だったとか。

今戸焼自体は十六世紀頃からのものだが、招き猫ができたのは幕末の頃。煙管《きせる》の火落とし（灰皿）のデザインとして、作られたのが始めだそうだ。従って、今

access

でも古いタイプの招き猫には、背中に火落とし用の穴が空いている。

要するに、蚊取り線香入れの定番がブタだったのと同様に、灰皿のデザインを猫とした、というのがコレの始まりということらしい。

しかし、こんな縁起では、猫は招福には繋がらない。いつの頃から言われ始めたかは知らないが、招き猫にはこんな伝説が残っている。

時は幕末。尊皇攘夷《そんのうじょうい》の風吹き荒れる回天のとき。浅草に住むひとりの老婆は、この世の趨勢《すうせい》より、明日の自分のご飯のほうが心配なほどの貧乏だった。

明日の米もない生活に仕方なく、愛する猫を手放したところ、ある晩、夢枕にその猫が片手を挙げて立ち、こう言った。

「私の姿を人形にしたら、必ず福を授けるニャン」

老婆は言われたとおり、猫が片手を挙げた人形を作った。そして、浅草寺《せんそうじ》の参道で売り出したところ、売れに売れて、貧苦から見事、抜け出せたのだった。

思うに、のち、猫は老婆のところに戻ってきたに違いない。そして、たらふく、うまい魚を食べさせてもらったのではなかろうか。

しかし、縁起物や神仏の伝説というのは、つくづく「夢枕」が多いよね。いつ

そ「夢枕」という縁起物を作ってみたら、どうだろう。

……という無駄話はともかく、今戸神社だ。

ご祭神は、応神天皇と伊邪那岐命《いざなぎのみこと》、伊邪那美命《いざなみのみこと》、福禄寿《ふくろくじゅ》。

康平六年（一〇六三）、源頼義《みなもとのよりよし》と義家《よしいえ》が、京都から石清水八幡を勧請《かんじょう》したのが、今戸神社の始まりだ。つまり、由緒は鎌倉名所の鶴岡八幡宮と同じというわけ。

そののち、頼朝が祈願して社殿を建て直したり、徳川家光もゴージャスな社殿を建ててあげたりしたのだが、皆、戦争で焼けてしまった。

東京の社寺のほとんどは、第二次世界大戦で灰燼《かいじん》に帰してしまっている。残ってたら、文化財級なのに。なんとも惜しいことである。

ともあれ、鶴岡八幡宮と同じなら、当然、ここも八幡神社だ。けど、国家鎮護や神風を吹かせた武神のイメージと、今戸神社の雰囲気はビミョーに、いいや、全然違う。

境内に入って、何よりびっくりさせられるのは、拝殿に置かれた巨大な二匹の招き猫である。聞いたところによると、もともとロックス（浅草六区に建ったファッションビル）にあったのを、譲り受けて飾ったものとか。そりゃ、目立つけど……確かに招き猫だけど……異様だ。

今、今戸神社は招き猫と共に、縁結びの神社となっているのだが、これもよく考えると、ビミョーに変だ。

ん?　何か違和感が……

なぜ、応神天皇が縁結びなのか。八幡神社で猫なのか。もっと深く考えるなら、八幡神社のご神使は一般的には鳩ではないか。そこに猫が来たならば、鳩はみんな食べられてしまう。……あ、そうか。もう、食べられちゃったのか。まさに、今戸の招き猫は、ご祭神を食っちゃう勢いなのだ。

今戸神社が猫を大切にしていることは、狛犬《こまいぬ》の処遇を見ても理解ができる。拝殿の猫は野放しなのに、表の二匹の狛犬さんは、金網に入れられてしまっているのだ。こういう細かい気遣い（？）のお蔭で、ここは一層、招き猫が繁殖することになったのである。

現在、ここで分けている招き猫は、縁結びということで、雄雌の猫が一体化して、揃って右手を上げている。妖怪みたいで怖いといえば怖いけど、溶けて一体化しちゃうほど、仲がいいとも言えるのだろう。

ちなみに、白い猫がメス。斑《ぶち》がオスということだ。

もひとつちなみに、ここは新撰組の沖田総司終焉の土地とも言われている。ひとつの説に過ぎないが、私がここを訪れたときも、ファンの方が参拝していた。新撰組ファン、猫ファン、そして片思いや両思いの皆さん。八幡神をもブッ飛

ちょっとシュール

ばす、招き猫のご利益《りやく》を授かってみるのはいかがです？

招き猫の種類

一般的に、招き猫は右手を上げているものが金を招き、左手を上げているものが、人を招くとされている。猫の色にも意味があり、オールマイティな白のほか、黒い猫は魔除け。赤い猫は病避けとされている。

招き猫の発祥地としては今戸のほか、豪徳寺も名乗りを上げている。京都では伏見稲荷神社近くで興《おこ》った伏見人形の作り手が、最初に招き猫を作ったと言われる。

最近は、招き猫アーティストなども現れて、伝統的なもののほか、様々なアレンジバージョンもあるようだ。招き猫は現在も、進化を続けていると言えよう。

spot 17

銀座八丁のお稲荷さん

狐口密集地帯!? 銀座を行く

王子稲荷の項で、銀座には一丁目ごとにお稲荷さんが祀《まつ》られている、と記したことを覚えておいでか。気になる方もいるようなので、今回はそれをサックリ、ご紹介。

どうして、一丁ごとにお稲荷さんが祀られることになったのか、生憎、経緯はわからなかったが……うむ、多分、色々祀っているうちに、結果としてこういうことになってしまったというのが正しいようだ。

その証拠に、銀座のお稲荷サマのほとんどが、商売繁盛をご利益《りやく》として挙げている。古い繁華街だけに、信心が盛んだったのだろう。

しかし「盛んだった」と、過去形では言えないほど、ここの人たちはお稲荷サ

access

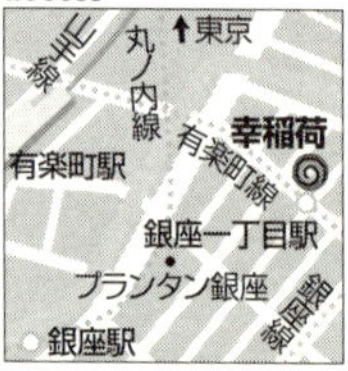

マを大事にしている。銀座にある稲荷神社は、どこもかしこも、いつだって、きれいに掃除されている。

まずは銀座一丁目から。

並木通りにある銀一ビル近くに祀られているのが、幸稲荷《さいわいいなり》だ。ご利益はもちろん、商売繁盛。その他、家内安全と良縁も請け負ってくれるらしい。が、この「幸」という文字は「塞《さい》」にも繋がり、一種の境界――結界を表す。

銀座の端にあることから、もしかすると、ここのお稲荷サマは銀座に悪いモノたちが入らないように守っているのかも知れない。

二丁目。越後屋さんの屋上にあるのが、その名もズバリの銀座稲荷だ。ここは商売繁盛と同時に、火事から守ってくれるお稲荷サマだ。

生憎、ここは個人の神社で、いつもは参拝不可能だ。しかし『大銀座まつり』の間だけは、誰でも神社にお参りできる。興味のある方は、お祭りの期間を調べて出かけましょう。

次なる三丁目は朝日稲荷。朝日ビルの横にある。ご利益は商売繁盛はじめ、オールマイティ。おおらかな感じのお稲荷サマだ。

四丁目。銀座のど真ん中にあるのが、宝童稲荷《ほうどういなり》。天賞堂の裏にある。

ここは商売繁盛とは、やや異なった縁起が伝わる。

江戸時代、将軍様のご子息の早世が続いたとき、その厄払いのために祀られたのが、宝童稲荷の始まりだ。従って、ご利益は子育てということになる。歴史の古いお稲荷サマだ。

五丁目に鎮座ましましているお稲荷サマは、あづま稲荷サマ。場所はあづま通り沿い、三原小路を入ったところ。

ここは戦後間もない頃に、京都伏見稲荷より分霊されたお社《やしろ》である。数年前、このお稲荷サマで、とても楽しい事件があった。

お賽銭《さいせん》を盗もうとした酔っ払いが、賽銭箱に手が嵌《はま》って抜けなくなったという事件である。泥棒は賽銭箱に手を突っ込んだまま、あえなく御用となったのだが……。

この一件により、あづま稲荷は「さすが！」と評判を取ったのだった。悪いことをすると、神罰覿面《てきめん》。ちょっと怖い方らしい。

六丁目におわすのは、靍護稲荷《かくごいなり》という、とても難しい名前の方だ。銀座松坂屋の屋上にあり、ここのお方は豊川稲荷からのご分霊。

豊川稲荷の神サマは荼枳尼天《だきにてん》という方で、神道ではなく仏教系の神サマだ。この方も怒らせるとかなり……すごく怖い方だが、その分、ご利益も沢山くださる

一丁目の幸稲荷サマ

という。

　さて。七丁目のお稲荷サマは、豊岩稲荷《とよいわいなり》サマである。ここは銀座のお稲荷サマ唯一、縁結びがご利益だ。

　場所はギンザ１０８ビル近く。場所が路地の奥なので、ちょっとわかりづらいけど、心に期すところのある方は、探してお参りしてみるといい。

　この七丁目にはもう一社、成功稲荷神社がある。資生堂本社ビル屋上にあるこのお稲荷サマも、二丁目の銀座稲荷同様、普段は参拝できない。しかし『大銀座まつり』期間中は別なので、こちらも日にちを選んでどうぞ。

　ちなみに、ご利益は商売繁盛、大繁盛だ。

　銀座八丁の最後、八丁目の新橋会館屋上に鎮座するのは金春稲荷《こんぱるいなり》サマである。

　この「金春」は、能の金春流に由来する。昔、金春屋敷なるものが、この辺りにあったため、お稲荷サマの名になったとか。というわけで、ここのご利益は能楽に因《ちな》んだ芸能上達。

　生憎、金春稲荷神社もビルの屋上にあるために、普通の日は参拝できない。ご興味のある方は『大銀座まつり』期間中に……って、別に宣伝費はもらってない

八丁目の金春稲荷サマ

んですけどね。

ふたつの稲荷

稲荷神社に祀られている神には、大きく分けて、神道系の倉稲魂神《うかのみたまのかみ》と仏教系の荼枳尼天のふたつがある。神道系の神については『王子稲荷』の項を参照のこと。

荼枳尼天サマは、仏教でいう夜叉の類で、本来は女性の鬼である。この荼枳尼天に帰依した者には、望む力すべてを与えるという心強い神サマだが、人の死を半年前に察知して、その心臓を食べる方とも言われている。俗説によると、荼枳尼天に帰依したものは、もれなく心臓を差し出さねばならないらしいので、まさに六丁目のお稲荷サマの名のとおり、信心にはそれなりの「カクゴ」が必要なようである。

spot 18

秋葉原

最先端のPC街、その主は天狗《てんぐ》だった

access

専門店街というのは、独特の雰囲気を持っている。それらを発達させるのは、現実的な交通の便や店構えなどではなくて、場所の性質が大きいと風水では言っている。

この一種、オタクな〝気〟を持つ土地で、日本有数の強力な磁場を形成したのが、千代田区だ。ここは古書店街、スポーツ用品店街、電気・パソコン店街と、コアなマニアを満足させる土地であると言っていい。

中でもスゴイのが、世界的に有名な電気街となった秋葉原だ。秋葉原の名前の由来は、昔、この地に秋葉《あきば》神社《じんじゃ》が建っていたことに由来する。

江戸時代、この一帯は火事に備えた火避け地として、大きな空き地になってお

り、秋葉神社が祀《まつ》られていた。

秋葉の神サマのご利益《りやく》は、一般的には火伏せ、即ち火事避けと言われているからだ。しかし、秋葉の神サマは防火に優れているだけではない。実は、この神サマの実体は、天狗サマだと言われているのだ。

天狗というのは、ご存知のとおり、高い鼻と翼を持った半妖怪・半神サマだ。妖怪としての天狗サマは、山中で怪音を立てて人を脅かしたり、いきなり石をぶつけてきたり、気に入った子供や大人をさらって、諸国遊覧させたり、と、いわく言いがたい存在だ。生きているとき、修行の足らなかったお坊さんや修験者《しゅげんじゃ》が天狗になるともいわれているし、恨みをもった人間が自ら望んで天狗になったという記録も、沢山残っている。

一方、神サマとしての天狗は、前述のとおり、火伏せとしてのご利益をいちばんに掲げ、主に秋葉神社に祀られている。

しかし、天狗という存在は、風を起こし、素早く飛べるところから、火伏せの能力のみならず、通信・伝達能力も高いと噂されている。

つまり、仏教における俊足自慢の韋駄天《いだてん》さん、西洋におけるヘルメス神の神道

版が、天狗サマというわけだ。だから……。

もう、わかるでしょう。その名を冠した秋葉原が、通信・伝達に欠かせないパソコン街になったのは、理の当然というわけよ。

もちろん、神の名を持つすべての場所が、強力な影響力を持つわけじゃない。が、秋葉原は特別だ。なぜなら、この秋葉天狗、今でも手厚く、この土地で祀られ続けているからだ。

どこで祀られているかというと……JR秋葉原駅で、である。

生憎、一般には公開されてないけれど、何でも、社《やしろ》は駅長室の中にお祀りされているのだとか。

なぜ、こんなことになったかというと、秋葉原駅が建てられたのが、秋葉神社の跡地だからだ。もっと正確を期すならば、神社そのものが、な、なんと、駅に変わってしまったのである。

駅もまた、流通・交通・情報のるつぼと言っていい。特に秋葉原駅は、様々な線が引き入れられて、電車の量はかなり多い。もちろん、それに伴った人の数も膨大だ。加えて、ここは駅自体、十字形を為している。

まさに、秋葉原は、人と情報の交差点と言っていいだろう。そしてその中心＝駅長室に、秋葉サマは祀られている。つまり秋葉原駅の利用者は、知らず知らずに秋葉神社にお参りしているのと同じ、というわけ。

看板群を仰ぐ。以前は家電の街の印象もあったが、
最近は専らパソコン街として世界的に有名

こんな場に天狗サマがいたならば、張り切ってしまうことは必至だ。その加護によってか、秋葉原は非常に強く、良い〝気〟の場を形成している。

目に見えない電磁波は、よかれ悪しかれ〝気〟を操作する。高圧線や電波塔など、大概のものは、自然の場を崩すものとしてマイナスに働く場合が多い。

ただし、秋葉原は別である。

ここまで電磁波に覆われた町は、強力な電波のバリアが張られたのと同じ状態になり、一種、生き生きとした聖地と等しくなってくる。つまり、極に達したマイナスの気がプラスに転化してしまったのである。

これは非常に稀なことだが、秋葉原近辺を歩いていると、ウキウキした気分になる人がいるのは、否定できないはずである。

この聖地の質はもちろん、流通・伝達・通信だ。物も回れば、人も回る。

だから秋葉原で予想外に高いパソコンを買ってしまったアナタは――〝気〟に負け、秋葉天狗に高いお賽銭《さいせん》を上げてしまったに等しい。

ま、ご利益を期待して、パソコンの達人になってください。

オカルトにおける「電波」

電波と霊波は似ているというのは、今やオカルトの常識である。幽霊が出る前兆として電気が揺らいだり、テレビなどが勝手についたり消えたりするのも、その証拠とされる。幽霊などが通りやすい道を「霊道」と呼ぶが、道筋をつける一因として、神社や古墳と同レベルで高圧線の位置などが語られる。また、〝出る〟場所から電話をすると、相手の場所に霊が移動することもあるという。「死者からの電話」という怪談があるとおり、電話回線は強力な霊界通信の手段でもある。このテのことを防ぐには、電化製品を東側に置くと良いとされる。逆に、死者の方角である北に電話やテレビを置くと、高確率で面白いメに遭えるとか……。

spot 19

合羽橋

「合羽《かっぱ》」と「河童《かっぱ》」、字は違えど深いご縁が

access

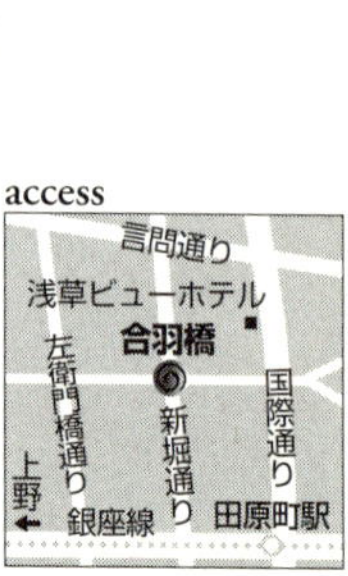

実は私、昔から河童にはラブだった。

数年前、伝説の地にキュウリを持って、河童を捕まえに行ったほど、河童大好きなのである。

河童はきれいな水に棲む。水が汚れると河童はいなくなる。つまり、河童生存の有無は水質環境のバロメーターにもなっているというわけだ。

まぁ、多くの妖怪は自然の中に棲むものだからね。日本から妖怪がいなくなったら、末期的状態と言っていいだろう。

とはいえ、都会の真ん中にも、河童がいないわけじゃない。浅草合羽橋が、その生息地だ。「河童」と「合羽」じゃ意味も違うし文字も違うが、この土地には両

者に因《ちな》んだ、ほのぼのとした伝説が残っている。

文化十一年（一八一四）のこと。当時、合羽橋道具街辺りは氾濫を繰り返す川だった。その度ごとの被害を憂い、掘削工事を行ったのが、川の側に住んでいた雨合羽《あまがっぱ》屋。その名も合羽川太郎《かっぱかわたろう》という、妙な名を持った人物だ。私財を投じた彼の行為は、人はもちろん、隅田川に棲んでいる河童たちをも感動させた。

そして川太郎は河童たちの手助けを得て、見事、治水に成功したのだ。

妖怪と人のふれあいを描いた、心温まるお話だ。

この義民・川太郎（本名は喜八というらしい）を祀《まつ》ったお寺が、通称かっぱ寺＝曹源寺《そうげんじ》である。寺内に入るとすぐ、本堂の手前に、川太郎を祀ったお堂が見える。記したように、本来ここは人を祀ったお堂なのだが、今は内部も賽銭箱《さいせんばこ》の模様もすべて、河童一色になっている。

伝説によると、工事のとき河童を見たものは、もれなく運が開けたというから、のちの人はそのご利益《りやく》を期待したのかも知れないね。

ちなみに幟旗《のぼりばた》の文字は「波乗福河童大明神」――サーフィンに、ご利益ありそ

うだ。

私がそこを訪れたときは、賽銭箱の上にきちんと、美味そうなキュウリがお供えされていた。

今の合羽橋はいうまでもなく、プロの商店や飲食店のための道具街になっている。外国人観光客にも人気のスポットで、彼らはここで精巧な寿司やうどんの蠟細工をおみやげに買って帰るとか。

曹源寺同様、この商店街のあちこちでも、河童の人形やらイラストやらにお目にかかることができるのだが、これらを見た外国人さん、一体、なんだと思うのか……。一度、尋ねてみたいものである。

うむ、専門店街といえば、秋葉原には天狗《てんぐ》サマが棲んでいた。そして、ここは河童大明神。妖怪テイストのある場所は、コアな専門店街を形成しやすいのかも知れないな。

しかし、合羽橋の妖怪は、河童ばかりじゃ収まらない。

曹源寺から合羽橋交差点に向かって歩いていくと、同じ並びに半僧堂というお寺がある。ここの寺紋は、ヤツデの団扇《うちわ》。中に立っている幟旗《のぼりばた》には「奥山半僧坊」とある。

ピンときた方もいるでしょう。ヤツデの団扇を持つ半僧坊は、紛れもない天狗サマである。中でも奥山半僧坊は、秋葉権現を始めとした天狗のメッカ、静岡県

表通りから一本入ったところで河童に遭遇。
かわいい、のか？

在住の偉い天狗サマなのだ。

このストリートには河童のみならず、天狗までもが住んでいるのだ。

いやいや、それだけじゃない。もう少し行くと、海禅寺《かいぜんじ》というお寺に出る。ここには若狭《わかさ》ゆかりの人のお墓がある。そして実は曹源寺も、若狭・小浜藩ゆかりの寺だ。

若狭小浜は、日本でいちばんの人魚出現地帯である。ここの人魚を食べて不老不死になったのが八百比丘尼《やおびくに》という女性であり、小浜はそれを誇りとし、河童ならぬ人魚の像が、浜辺や郵便ポストの上で、ピチピチ跳ねているほどだ。

つまり、合羽橋には人魚もいる可能性があるというわけだ。ここは日本のメジャー妖怪のたまり場なのかも知れないゾ。

とはいえ、合羽橋通りのお寺は、江戸時代に幕府の政策で、現地に移ってきたものばかり。とすると？　うぅむ、徳川。もしや、この近辺を妖怪居住地区として整えた、ということか……？

妖怪との接触

河童・人魚・天狗は、日本の妖怪の中でもスターである。これらの大物は、ただ人間を驚かすだけの存在ではない。祀られていることからもわかるとおり、彼らはすべて神仏に近い存在として認識されている。河童は川の神、人魚は海の神、天狗は山の神である。彼らはときどき悪さをするが、基本的には無害であり、人間が海や山で失礼なことをしたときのみに祟《たた》るのだ。

また、妖怪の特色は地域に住み着くことにある。河童が川から出ないように、彼らの居場所は決まっている。そして好物も定まっている。だから妖怪に会いたくない人は、彼らの居住区に行かなければいいし、会いたい人は好物を持って、現地に赴けばいいのである。

spot 20

不忍池

水気イコール色気。艶っぽい神様登場

昔、不忍池《しのばずのいけ》の辺りは、一大デートスポットだった。ここは江戸時代から、今でいうラブホテルが建ち並び、お子さまはウロウロしてはいけないところだったのである。

最近はさすがに、人気薄ではあるけどね。夜の池の周辺はまだ、往時の面影を残している。

この不忍池。中央の島に祀《まつ》られているのは、弁才天サマだ。弁天サマは不思議な神様で、神社でもお寺でも祀られている。ここはお寺の弁天サマだが、神社に祀られている弁天サマも沢山いる。

池に弁天サマというと思い出すのが、井《い》の頭《かしら》公園の弁天サマだ。ちなみに、あ

access

の方は神社の女神サマである。

この女神サマのいる井の頭公園でデートをすると、必ず別れるというジンクスがあるのは、ご存知でしょう。理由は弁天サマが嫉妬して、男女の仲を裂いちゃうのだとか。

ま、聖域でデートすること自体、あまり宜しくないことなので、仕方のないこととは思うが、不忍池の弁天サマは、男女の仲を引き裂くどころか、いたって寛容な方なのだ。

もともと、水は「水商売」という言い方どおり、恋愛を始めとした情動や感情に関係するシンボルとされている。これはもう、世界的に認知されているもので、濡れ場という言い方もあるとおり……あ、あれはちょっと、濡れが違うか？

でもまぁ、似たようなものとも言える。繰り返しになるが、水の象徴は、色恋と深く関係するのだ。

不忍池に話を戻そう。

この池の名は、上野の山一帯を「忍岡《しのぶがおか》」と言ったのに対して名付けられた。

大昔、東京はなんと、ここまでが海であったらしい。沼になったのは平安時代

で、竹生島《ちくぶ》に倣《なら》って島ができたのは、江戸時代になってから。そしてそのとき、この池に弁天サマが祀られた。

水辺に弁天サマが祀られるのは、この方がもともとインドから来た川の神、サラスバティだからである。ゆえに、弁天サマの真言は「おん　さらすばてぃ　えい　そわか」。昔の名前が使われてる。

日本では、この女神サマと、もともと水の神だった竜神・蛇神などが一緒になって、今では弁天サマは竜神サマの仲間のようになっている。だから、不忍池の弁天堂に掛かった橋も、天竜橋という名がついている。

琵琶《びわ》を持っているところから、技芸上達にご利益《りやく》があり、不忍池は昔から、芸者さんにも人気があった。やっぱり水商売なのだ。

この弁天島の手前、道路を隔てて、上野の山に至る道には、五條天神社が存在している。そして、その上にはふたつの稲荷神社が祀られている。少しわかりにくいけど、しっかりした社殿のある花園稲荷神社を後ろにし、弓道場の奥に歩いてくと、もうひとつ。洞窟の中に忍岡稲荷が祀られている。

昔の地名を冠したこのお稲荷サマは、通称を「穴稲荷」と言い、「穴」という、これまた性的なシンボルから、ここも縁結びにご利益があるという噂がしきりだ。わかりやすいというか、何というか……。

不忍池周辺にある、色っぽいモノはこれだけではない。弁天堂の右横に突き出

不忍池越しに、ライトアップされた弁天サマのお堂を望む。
池にはびっしりと蓮が

た島には、縁結びの神として、超人気の聖天《しょうてん》サマがいらっしゃる。

　しかも、このお堂の背後には、後ろから見ると、男性器の形をしている「役《えんの》行者《ぎょうじゃ》」の石像なども立っているのだ。

　役行者は本当は修験道《しゅげんどう》の開祖だが、思うに多分、「役行者」を〝縁〟の行者と間違えちゃったんでしょうねぇ。

　いずれにせよ、この石像、直接的な縁結びである。

私はこの石像の顔を見たいと、いつも思っている。しかし、確認できたためしは一度もない。

　理由のひとつは、最近、ここのお堂の門が閉ざされてしまっているためだ。誰かがイタズラでもしたのか、あるいはホームレスのねぐらになってしまったためか。理由はわからないけれど、門には南京錠が掛かっている。

　もちろん、本気になれば、乗り越えることは簡単だが……。いや、私はしてないけどね。

　だが、たとえ中に入っても、行者さまの顔は拝めない。なぜなら、この行者像、顔を池の方に向け、いつも例の形をした背中しか見せてくれないからだ。正

面から拝まないとご利益がないという話もあるのだけれど。恋愛成就したい方は、池の中にドボンと入って、手を合わせてくださいませ。

陰陽の魔力

聖天サマもまた、もともとインドの神サマだ。この方は二匹の象が抱き合っている姿をしており、寺紋はむっちりとした二股大根と、色っぽい感じだ。もともと縁結びの神仏は、夫婦和合のご利益があると同時に、子授けのための神仏だった。昔は子孫繁栄に繋がらない恋愛なんて考えられなかったので、これは当然のことだろう。性器の形をした石も同様で、すべて「豊穣」のシンボルとなる。男と女はシンプルかつ重要な「陰・陽」の存在なのだ。また、これらの形をしたものは、強力な魔除けにもなる。いかなる魔物もコレを突然、見せられたら、びっくりして逃げてしまうというわけよ。

spot 21

東京のお化け坂

あなおそろしや お化け薬罐《やかん》が転がる坂

access

東京は、坂の多い都市である。

関東平野などというから、真っ平らのようにも思えるが、高い山がないだけで、坂の数は名前のついているもののみ数えても、五百以上存在するという。

きつい坂は今、階段になっているし、緩《ゆる》やかな坂も沢山あるので、気づかない人も多いけど、江戸・東京は坂の都市と言っても過言ではないだろう。

これだけ坂が多いと当然ながら、逸話・伝説も数限りなくある。今回はその中、楽しい「お化け坂」を軽く紹介いたしましょう。

まず、私が愛しているのは、目白台二〜三丁目の間にある「薬罐坂《やかんざか》」なる坂である。

東京中に同名の坂は三ヵ所あるが、ここ目白台の薬罐坂は、なんと薬罐のお化けが出るのだ！

夜、坂を上ろうとすると、上からゴロゴロ薬罐が転がり落ちてくるとか……ああ、コワ。一度はこの妖怪に出会ってみたいものである。

この薬罐坂には野干坂という字も当てられている。野干というのは、狐のこと。しかも、人を化かす狐のことだ。つまり転がり落ちる薬罐も、この坂に住むイタズラ狐の仕業である可能性が高い。

しかし、なぜ、狐が薬罐を転がすのか？　夜間に薬罐レースでも、行われているんでしょうか？　私にはまったく、謎である。

坂に劣らず、江戸・東京にはお稲荷サマが多いけど、実際、ここには狐や狸が沢山、生息していたらしい。ゆえに化かされ話も多いのだが、港区元麻布には「狐坂」「狸坂」という坂が並んでおり、今も化かしあっているらしい。

また、妖怪そのものの名前がついている坂もある。文京区不忍通りにある「猫《ねこ》股坂《またざか》」だ。

猫股は言うまでもなく化け猫を指す。この坂には化け猫がいたのだな。しかし

どういうわけか、猫股坂に残っている伝説は、猫ではなくて狸のものだ。

薬罐坂と同じく、夜にこの坂を通ると、赤い手ぬぐいをかぶった狸が、踊りを踊ってくれるとか。本人（本狸？）、人を驚かす気なのだろうが、絶対、怖くないに違いない。これも是非、見てみたいものである。

「幽霊坂」というオーソドックスな名の坂は、都内に九ヵ所存在している。そのうち、四つは不思議なことに、千代田区富士見一～二丁目の中に集中している。由来としては、「出た」「出る」というだけのものだが、それぞれ、どんな幽霊が出るのか確認してみるのもオススメだ。

文京区・根津には「幽霊階段」と言われる場所も存在している。ここは見通しの利かない曲がりくねった急坂で、角を曲がった途端、幽霊が待っててくれるというわけだ。

ちなみに自慢ではないが、私はここで実際、〝見て〟いる。友人は角を曲がった途端、黒猫が座っているのに驚いて、危うく階段から落ちかけたとか。結構、楽しめる場所ではなかろうか。

また、幽霊の名こそつかないものの、著名な怪談に由来する不気味な坂も存在する。その名は、五番町「帯坂」。

日本三大怪談話のひとつ『番町皿屋敷《ばんちょうさらやしき》』のヒロイン・お菊さんが、髪を振り乱しながら、帯を引きずって走ったというのが、「帯坂」の名の由来である。

この先の下りが「薬罐坂」。
さらに「夜」「寒」の字を当てることも

結局、お菊さんは逃げ切れず、旗本家の家宝の皿を割った責めを負わされて、井戸で吊るし斬りにされてしまう。以来、夜な夜な……というところから、「一枚、二ま～い」で有名な怪談話になっていく。

実際、坂のある五番町界隈《かいわい》は、大きな旗本屋敷が多かった。そして、しんと静まり返った屋敷の塀が並ぶ町では、陰惨な事件の噂が沢山、囁《ささや》かれていた。

色狂いの噂のあった千姫が、弄《もてあそ》んだ男を投げ入れて殺したという古井戸も、この五番町周辺だ。ホントか嘘かは知らないが、のちに、この井戸を浚《さら》ったところ、髑髏《どくろ》がゴロゴロ出てきたとか。

桑原クワバラ。

その他、ぬるぬるして上がれない坂の滑りどめ(?)に、美女が自ら人柱になったという「ぬめり坂」(大田区鵜《う》の木辺り)や、みんなが転んじゃう「転坂《ころびざか》」(赤坂)や。

東京の坂には大概、楽しい伝説・逸話が残っている。

ひとつの場所を訪ねてみるのも面白いけど、たまには坂や橋、道そのものを目的に歩くのも面白いのでは？

坂の異界性

民俗学では、坂は「境」であるという。異界と現実の境であり、そこではどんな怪異にあっても仕方ないとされている。神道的風水では（神道にも風水思想はあるのだ）土地は適度に高い方が良いとされ、高い土地を両側に持ったすり鉢の底のような地は、穢《けが》れた土地だとされている。つまり坂は聖地と邪悪な土地を結ぶものでもあるのだ。

似たような境界性を持つのは橋。これもまた、色々な意味のふたつの世界を繋ぐ場所となっている。地方に行くと、橋や坂の手前・辻・村境などに道祖神《どうそじん》が建てられていることがある。道祖神は境を守る神であり、その先に悪いモノを進入させない役割をうけ持っている。

spot 22

縁切榎

ストーカー避けで人気!?
ご利益は「縁切り」の祠《ほこら》

ストーカーにお悩みの方々に朗報！

板橋区にある縁切榎《えんきりえのき》は、由緒ある縁切りスポットとして、江戸時代から人気を誇る。場所は旧中山道《きゅうなかせんどう》沿い。

町中の一角に木が立っているだけだけど、悪縁を断ちたい人たちにとっては、昔から心強い存在だ。

以前、ストーカー被害に遭っている友達に頼まれ、この木を探し、一緒にお参りしたことがある。気休めだろうと思ってたのだが、効果は覿面《てきめん》。憎むべきストーカーはその日から、足を遠のけたのだった（ホントよ）。

というわけで、今回は悩める方のため、縁切りマニュアルを提示したい。

access

まずは榎の由緒から。

「中山道板橋宿の薄気味悪い場所として旅人に知られていたのがこの縁切榎である。いつの頃からか、この木の下を嫁入り・婿入りの行列が通ると、必ず不縁になるという信仰が生まれ、徳川家に降嫁した五十宮《いそのみや》・楽宮《さざのみや》の行列はここを避けて通り、和宮《かずのみや》の折には榎を菰《こも》で包み、その下を通って板橋本宿に入った」

伝説の起こりは、初代の榎が槻《つき》の木と並んで生えていたため「エンツキ」＝「縁尽き」と言われたこと。そして、所在地である岩ノ坂を「嫌な坂」とシャレ、これを縁切りに通わせたなどの説がある。

こう聞くとちょっと馬鹿馬鹿しいが、なに、効果があれば由来など、どうでもいいことだ。

いや多分、こういう苦しい説明こそ、あとからつけられたものに違いない。

縁切榎に限らず、日本には理屈の通らない祈願所や、駄洒落《だじゃれ》としか思えない信仰形態がゴマンとある。大きな例を挙げるなら、悟りを目指す仏教の仏サマに恋愛成就を願うこと自体、間違っているし、怨霊として祀《まつ》られた菅原道真に、志望大学合格祈願をすることもかなり無茶。そこに正当な理由を求めれば、胡散臭《うさんくさ》さ

ばかりが増してくる。が、誰かがそこにお願いをして、確実なご利益《りやく》を感じたからこそ、このテの信仰は続くのだ。小難しい理屈はいらない。

ともあれ、誰かと縁を切りたい人は、この榎を訪れて、次の作法に則って、真剣に祈りを捧げましょう。

作法は簡単。木を囲んだ境内に立つと、右側に小さなボックスがある。その中にある朱印紙に願いを書き込んで、木の左側、祈願文を結ぶ場所に結んで帰る

——それだけだ。

「願い事をする方は紙に意志を書き、姓氏記入のこと。住所は不要。碑文をよく読んで、左の場所に結んで下さい」

朱印紙の横には、こんな注意書きが記されている。

ならばと、横の碑文を読むと、

「榎は縁の木なれば　あながちに縁を断つことのみならず　善縁を結び悪縁をたつこそ神の御心なれ　縁の糸の結ぶも解くも人さまざまあり　誠とあらば神ぞきかまじ」

こんなことが、記してあった。

なるほど。ひとことで言うならば、「真剣にやれ！」ということね。

見渡すと、縁切り願いを記した用紙は、隙間がないほど、びっしりと結びつけられていた。わざわざ家で書いてきたらしい手書きの手紙も沢山あるし、用紙と

商店・住宅街の中にぽつんと残る縁切榎の祠

一緒に、剃刀《かみそり》を結んだものなんかもあった。……怖い。けど、みんな必死だ。「誠とあらば」なんて注意を促すまでもなく、真剣さがひしひしと伝わってくる。

祈願者のほぼすべてが女性というのも、なんだか妙に感慨深い。今の時代になってもまだ、女性は弱者なのであろうか。

がんばれ、榎。悪いストーカーを追い払え！　思わず、拳を握ってしまう。

ちなみに、今の榎は三代目である。初代が枯れても、新しい木を植え続けるのは、やっぱりここがただの不吉な場所ではなく、悩める人たちにとっては大切な拠りどころだったからに違いない。

三代目榎の手前、石にはめ込まれている木片は、初代の榎の残りである。これは木片を削って、持ち帰る人のために残されている。

こういうものが残されるのも、榎の力の表れだ。多分、お守りにするのだろうが、もしかすると相手に飲ませるのではないかと、私は密かに考えている。

「今日の味噌汁、なんかクズが浮いてるよ」

「削り節のカスよ、オホホホ」……てな感じ？

真偽のほどは不明だが、粉ッぽいお味噌汁を飲まされた男性諸君、一度、自分

の行いを振り返ってみるのが賢明かもよ。

動かせないもの

日本には、動かしたり、壊したり、切ったりすると、祟《たた》るというものが多く存在する。縁切榎も、そのため残った物だろう。

羽田の大鳥居も、かつて動かすと祟ると言われていた。この鳥居は戦後に建てられたものであり、事実無根に聞こえるが、噂の力は計り知れない。誰かが祟ると思った瞬間、木や石が〝その気〟になるからだ。万物に魂があるという日本の宗教観のもとでは、人も物も、「この世はそういうもんである」と思っている。だから相互作用が起きる。

色んなものが動かず頑張ってしまうのは、日本のお国柄なのだ。

spot 23

東京の「牛」

撫でられたり、殺されたり 牛さんいろいろ大変

今の東京に牛は似合わない。

しかし、この都会もまた、ちょっと前までは、牛や馬が闊歩する田圃《たんぼ》だらけの土地だったのだ。今の東京でナマ牛に出会う確率は超低いけど、伝説は少し残っている。

まずは怖い話から。

大昔、浅草の浅草寺《せんそうじ》に牛のお化けが出たことがある。これに出会った坊さんは、死んでしまったり病気になったり、散々なメに遭ったそうである。

なんだか唐突な伝説だけど、浅草寺の側を流れる隅田川にも「牛鬼」が出たという話がある。この牛鬼、川の中から現れて、やっぱり人々に唐突に災いをもた

access

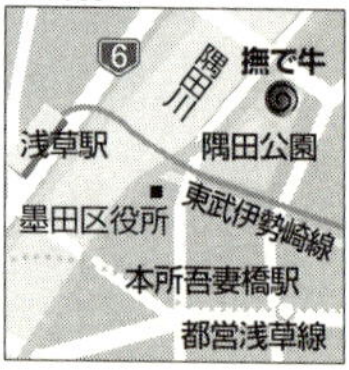

らした。当然、人々はこれを恐れたが、いざ、牛鬼が退治されると、彼らはなぜか、その牛を丁寧に葬り、祀《まつ》ってしまったのである。

一説によると、この牛鬼を祀ったところが、浅草寺の対岸にある牛島神社であるとかないとか。

もちろん、今の牛島神社を歩いても、そんなコワモテの牛はいない。可愛い牛の像が「撫でてね」と座っているだけだ。

――いわゆる撫で牛チャンである。

この牛は、病気の人が患部や心配な部分と同じところを撫でさすると、治してくれる神牛だ。同じ効能を持つ牛は全国各地に多いけど、牛島神社の「撫で牛」は、その中でも、かなりの効き目を持っている、と、地元の人には評判だ。

なぜ悪い牛が、良い牛になってしまったのか……。私にはわけがわからんが、きっと改心したのだろうから、みんなも撫でてあげましょう。

東京には、牛のつく地名も存在する。

ひとつが皇居のお濠・牛ヶ淵。もうひとつが、神楽坂の牛込だ。

牛ヶ淵の由来は、濠の形が牛に似ているからと言われているが、正確なところ

はわからない。牛込の由来もまた不明。戦国時代には、ここに牛込氏の館があったが、この一族は牛込に住んだから、牛込を名乗っただけであり、地名の由来とは関係ない（ちなみに神楽坂の上、光照寺が牛込氏の館跡という）。

うーむ。なんだか東京の牛は、曖昧なヤツばかりな感じだ。けど、共通点がないわけではない。それはこれらの伝説・地名が、水辺近くに集中しているということだ。

なぜ、水なのか？　答えはナント、雨乞いにある。

大昔から、牛は水の神サマへの捧げ物として川に放り込まれたり、雨を呼ぶため、山の上で首を斬られたりしてきたのである。

今、全国の天神サマにも、狛犬《こまいぬ》ならぬ狛牛（？）がいるけど、あれも本来は「天神」＝「雨を降らせる天の神」への捧げ物だったのである。

だから、殺された牛たちは、水辺からドッパンと出てきた挙げ句、人を恨んで悪さをするのだ。そりゃぁ、生け贄《にえ》にされちゃったわけですからね。牛も怒って当然でしょう。

ちなみに牛の祟《たた》りを恐れた人々は、後代、丑《うし》年生まれの人を水神に捧げること

にした……というのは、真っ赤な嘘なので、ご安心を。

馬の場合

雨乞いや水神サマへの供養のための動物には、牛と同時に馬も使われた。馬は神サマの乗り物とも言われているので、川に放りこまれたり、首を斬られたりする牛よりも、扱いは丁寧だ。

雨が欲しいときは黒い馬を、晴れて欲しいときは白い馬を捧げるのが決まりだったらしい。

神社に奉納する絵馬も、もともとは神々への捧げ物としての役を負っていた。昔は絵に描いた馬ではなく、本物の馬を捧げたそうだ。

撫で牛。人間の業ですりへってます

spot 24

両国

お相撲に隠された陰陽《おんみょう》的意味とは？

ハッケヨイ！

――相撲で知られる両国だけど、この地域がなぜ両国と呼ばれるのか、知っているかな？

ここが「両国」の名を持ったのは、側を流れる隅田川が、古くは武蔵《むさし》・下総《しもうさ》両国の国界であったためなのだ。つまり、ここはふたつの世界・ふたつの土地の〝気〟を繋ぐ重要地点なのである。そして、このことが両国で相撲を行う、いちばんの理由にもなっている。

実は相撲という名の競技は、とても重要な神事なのである。横綱の締める廻しの前に、紙が下がっているでしょう。あれは神社や神棚の注連縄《しめなわ》についた紙垂《しで》と

access

同じ物。つまり、お相撲さん、実は神サマそのものなのだ！

何の神サマかというと、大地を鎮める神である。力士の四股名《しこな》に出身地に因んだものを持ってくる場合が多いのは、みんな知っているはずだ。あの名前は、単なるリングネームとは違う。その地方を代表した土地神を背負う証として、力士は地名を四股名に持つ。

相撲の歴史を紐解けば、神話時代にまで遡《さかのぼ》る。奈良時代にはすでに、相撲は国家の行事となっており、千三百年以上の昔から、相撲は一種の占いとして、あるいは地鎮《じちん》の技として、国家単位、地方単位で行われていた。

占いとしては、東が強いか、西が強いか——即ち、東の神が勝つか西の神が勝つかで、その年年の運勢を占うのが相撲だったのだ。

ゆえに、その所作も土俵もすべて、宗教的な意味に充ちている。

相撲を取る前に踏む四股は、大地を踏み固めるための動作。両手を合わせるのは、陰陽の気をひとつに結ぶためのもの。続く競り上がりの動作は、呼び寄せた大地の気を高揚させるため。塩を撒くのは、もちろん、聖地を一層、清めるためである。

つまり、お相撲の動作のすべては、そのまま呪術になっているわけ。

土俵の四隅に下がる四色の房は、青・白・赤・黒、即ち東西南北の色を現す。そして四方位の真ん中に、中央と天地を象徴する土俵がある。

土俵が丸く、土台が四角いのは、天（円）と地（四角）を象徴している。そして例の「ハッケヨイ」のかけ声は、「八卦良い」――陰陽道における世界が、整ったことを示す言葉だ。その声を発する行司さんが持つ軍配に、日月が描かれているのも、天の巡行の象徴なのだ。

土俵は宇宙そのもので、相撲は天地の気を整えるための行為。それが両国で行われるのは、ふたつの国をしっかりと安定させるためなのである。

だから、両国で伝統的に相撲が行われるということは、それだけ両国という土地が不安定だという証拠にもなる。過去に一度、移転した国技館が戻ってきたのも、それなりの理由があるに違いない。

また先の長野オリンピック。あの開会式に、横綱（曙《あけぼの》）が四股を踏んだのを覚えている人もいるだろう。

今だから言えることだけど、会場になったあの土地は、荒っぽい土地神サマがいて、オリンピックの舞台としてはあまり良い土地ではなかったのだ。それを密かに慰撫するために、横綱は開会式で四股を踏み、土地の霊を宥《なだ》めたのである。その証拠に、実際、曙が四股を踏むまで、長野という土地を象徴した土俵上に

蔵前橋から望む隅田川。左手に国技館の屋根も見える。ちなみに、このお相撲さんは欄干です

は、誰も上がらなかった……相撲の神の威力は未だ、強く信じられているのだ。

ちなみに土俵上に女性が登れないわけも、男女差別ではなく、呪術が理由。大地（＝土俵）は女神サマの居場所だからね。陰陽の法則として、同性が乗るのは許されないのだ。女神サマと対になるのは、男でなければならないのである。エッチな話かって？　いや、マジですよ。伝統には、ちゃんと意味がある。だから、某女性府知事が、「土俵に上がりたい、上がりたい」と毎度、言い続けているのを見ると、私なんぞは「もしや、あなたはレズビアン……？」などと疑ってしまいたくなってくる。

はっきり伝統を説明できない相撲協会も情けないけど、自己満足を得たいがために、千年続く伝統を踏みにじろうとする方も、あまりに幼い感じがするよね。

ついでに言うと、修験道《しゅげんどう》の山で、女性の立ち入りが禁止されているのも、陰陽道に理由がある。妻のことを「山の神」と呼ぶように、山は女性だと見なされたから。漁船が昔、女性を乗せるのを嫌がったのも、海の神サマが女性だからだ。

山も海も、豊かな恵みを生むものはすべて、母としての女神サマ。だから差別などと騒がずに、女の人は「私が神よ」と黙って笑っていましょうね。

女性同士のおつきあい

陰陽道に則ると、山も海も、女性は行けなくなってしまう感じだが、女性には女性なりの、おつきあいの方法がある。それは「遊ぶ」というつきあい方だ。『万葉集』などを読むとわかることだが、古来、女性は山では「野遊び」「草摘み」、海では「玉藻刈《たまもか》り」などを行っていた。これらは半ば娯楽であり、男性のように命がけで獣を追ったり、魚を獲ったりするものではない。つまり同性同士だからこそ、キャッキャッと戯《たわむ》れることが許されるというわけである。逆に言うと、男性は命がけだったり、修行だったり、戦いの場だったり。挑むものとして「女」のことを捉えているのがよくわかる。

spot 25

祐天寺

江戸のゴーストバスター 祐天上人ゆかりの寺

目黒区の祐天寺という町名・駅名が、同地にあるお寺からきてるのは知っている人も多いでしょう。でも、お寺の名前になっている祐天上人という方が、悪霊祓いで有名な霊能者だったのを知っている人は、どれほどいるだろう。そして、祐天上人が怪談『真景累ヶ淵《しんけいかさねがふち》』で活躍した方だというのを知る人は??

『真景累ヶ淵』は『四谷怪談』と並ぶ、日本の代表的な怪談のひとつだ。歌舞伎にもなってるし、映画にもなっている。けど、お岩サマの伝説よりは知名度が低いのは確か。

この恐ろしい因縁話、まずはあらすじを記しましょう。

――江戸時代、鬼怒川沿いにある羽生《はにゅう》村で、奇怪な事件が発生した。菊という

access

女性が突然、倒れ、亡くなった母・累《かさね》の声色で、父である与右衛門を糾弾したのだ。

「よ・く・も、私を殺したなぁっ！」

累は娘に取り憑いて、与右衛門の悪事——彼女を川に突き落として、上から胸を踏みつけ、首を絞めて殺したという、オッソロシイ犯罪を暴露する。そして累は、男が以後、娶《めと》った六人すべての女房を取り殺したことを語ったのちに「次はお前を殺してやる！」と、報復宣言するのである。

与右衛門はもちろん、聞いた村人は全員、ビビった。なぜなら累は生前、心根の悪い醜婦として知られており、夫の妻殺害は、村人たち全員の暗黙の了解事項だったからである。

怯えた村人は総出で累の霊を慰める。が、僧侶の祈禱も、霊能師の力も及ばず、度重なる菊への憑依《ひょうい》によって、村人全員が次々と、累に悪事を暴露されていくハメに陥る。同時に、理不尽な要求に、彼らはブンブン振り回される。

村は徐々に、壊滅に追い込まれていくのであった。

累に取り憑かれた菊の様子も、ヒジョーに怖い。泡を吹いて、のた打ち回り、目玉を飛び出させた挙げ句、空中浮遊までしてしまう。映画『エクソシスト』ま

んまである。

さて。そこで祐天上人の出番となる。

事件を知った上人は累を供養し、また、菊の命を救うため、決死の祈禱を行って悪霊と対決するのである！

まず、取り憑かれた菊に問い質すと、累は彼女の上に跨《またが》って手足を抑え、もの凄まじい形相で、菊を押さえつけているという。上人はそれを除こうと、必死の祈禱をするものの、今までトライしてきた僧たち同様、累を祓うことはできない。阿弥陀様《あみださま》を罵《ののし》って、情けを乞うてもすべて無駄。

万策尽きたかと思われたとき、これぞ、阿弥陀様のご加護であろうか。上人にひとつの名案が浮かぶ。人呼んで、これを「逆ギレ説法」！（嘘です）

「おーのーれー。成仏させてやろうってのに、嫌だと言うとは、てめぇ、さては狐か狸だな!?　だからこそ、無理難題を吹っかけて、村人を陥れるのだろう。よし。だったら、しょーもない霊媒体質のこの女は、俺がこの場で始末をつけちゃる。累の霊がいるならば、供養してやるから、俺に憑け！」

叫んで菊をふん捕まえると、菊も累も大慌てで、上人の言うことを聞いたのだった。「逆ギレ説法」恐るべし。
悪女累も、自分の娘を殺されるのは、嫌だったのかねぇ……。
この話はのち、もっと昔に水死した少年の祟《たた》りにまで及ぶのだが、長い話なの

血ぬられた因縁話は想像もつかない、のどかな現在の祐天寺

で省略。

今、私の語った話も、大幅にはしょった上、乱暴な紹介となっているので、興味のある方は、ご自分で調べてみてくださいね。

ま、どこまで事実かわからないけど、ともあれ、祐天上人はこんなオッソロシイ女の祟りを解決したお坊さんなのである。

のちに、彼は生仏《いきぼとけ》と尊ばれ、将軍綱吉《つなよし》・家宣《いえのぶ》の帰依《きえ》を受ける身となる。東大寺の大仏殿や、鎌倉大仏などを修営したのも祐天さんだ。

目黒にある祐天寺は、彼の高弟が建てた寺だが、上人の威光は凄まじく、昔はすごい大寺院であったらしい。生憎、ほとんどのものは火事でなくなってしまったが、今、祐天寺を訪ねてみても、当時の面影はそこそこ偲《しの》べる。

江戸時代の鐘楼の脇には、累を供養した塚も、ちゃんと建ってるし、本堂横には近年、奉納されたという、大きな累の絵馬もある。

上人は累の怪談と共に、今もヒーローとして生きているのだ。上人の憑き物落としに由来する場所も、ここのみならず、関東中に存在する。

彼は関東一円を悪霊から護る、ゴーストバスターだったのであーる。

エクソシスト

悪霊を祓ったり、憑き物落としを得意とする社寺は、全国各地に存在する。犬をお祀《まつ》りする三峯神社《みつみねじんじゃ》などは狐落としで有名だし、陰陽道《おんみょうどう》・修験道《しゅげんどう》も、そのノウハウは持っている。

祈禱といえば密教《みっきょう》だが、日蓮宗もまた悪霊祓いではちょっと有名な存在だ。しかし祐天上人の浄土宗は本来、エクソシストの作法は持っていない宗派のハズ。にもかかわらず、力業でやっちゃったところが祐天さんのスゴイところなのだろう。

spot 26

五色不動

江戸のゴレンジャー!?
お不動サマは体育会系

東京に、目黒不動があるのをご存じの方は多いでしょう。で、目白が目白不動から来ていることを知る人も、まぁまぁいると思われる。

でも、目青は？　目赤は？　目黄は？

「んなもん、あるわけねーだろ」って？

いやいや。目青・目赤・目黄・目黒・目白は、すべて実在するのである。

頃は江戸時代初め。江戸を呪術的に護るため、幕府は積極的に神仏を利用した。仕掛け人は、この本でもよく名前の出る天海僧正《てんかいそうじょう》である。

僧正は、昔からあった五つの不動尊を選び、それぞれ色を配当し、江戸の護りとしたのであった。

access

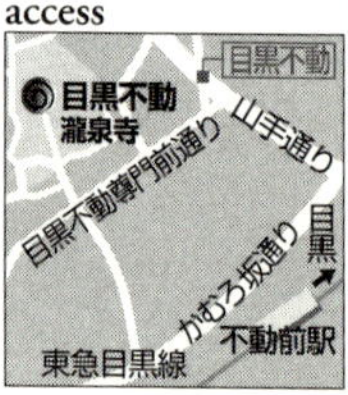

青・赤・黄・黒・白は「五色」と呼ばれる宗教的な色であり、東・南・中央・北・西を現すとも言われている。天海サマはそれらを振り分け、江戸を護らせたというわけだ。

お不動サマは体育会系の仏サマで、不正を許さない方である。なぜか髪型は〝おさげ〟だが、手には縄と剣を持ち、お巡りさんにイメージが近い。

そんな仏サマを天海サマは江戸の護衛にしたのである。ついでに名のとおり、お不動サマたちの両眼を、五色に塗ってしまったりした。

五色は風水では方位を現し、各々の方位を守護する神の座に当たる。

東＝青＝青龍／南＝朱＝朱雀／西＝白＝白虎／北＝黒＝玄武／中央＝黄＝皇帝の座。

こんな意味が与えられている。

でも、方位を護る守護神は普通、持国天《じこくてん》（東）・増長天《ぞうちょうてん》（南）・広目天《こうもくてん》（西）・多《た》聞天《もんてん》（北）だ。天海サマはこれを無視した。余程の不動ファンだったのか？

五色不動は五つの街道、即ち東海道・中山道《なかせんどう》・日光街道・甲州街道・奥州街《おうしゅうかい》道《どう》の守護と言われている。

場所を記すと、

東海道　　　　　　　目黒不動（瀧泉寺）
中山道　　　　　　　目赤不動（南谷寺）
川越街道　　　　　　目白不動（新長谷寺）
甲州街道　　　　　　目青不動（教学院）
日光街道（奥州街道とも）　目黄不動（永久寺）
水戸街道　　　　　　目黄不動（最勝寺）

が、よくよく地図を確認すると、どうも、この不動サマたち、五街道にきちんと整列しているとは言い難い。加えて、目黄不動などは、最勝寺と別にもう一ヵ所、名乗りを上げている場所もある。

むむむ。中央が二ヵ所もあっては困ると思うんですけどね。しかも、江戸の中央が江戸川区では、洒落《しやれ》にしても理屈が通らない。奥深い幕府の考えは、生憎、私には解読できない。ただ、天海サマの意図がどこにあったにせよ、これらお不動サマは明治以降、区画整理などにより、位置がかなりズレてしまった。

現在地はこれ。

目黒不動　瀧泉寺（目黒区下目黒3－20－26）
目白不動　金乗院（豊島区高田2－12－39）
目赤不動　南谷寺（文京区本駒込1－20－20）
目黄不動　永久寺（台東区三ノ輪2－14－5）
　　　　　最勝寺（江戸川区平井1－25－32）
　　　　　龍巌寺（渋谷区神宮前2－3－8）
目青不動　教学院最勝寺（世田谷区太子堂4－15－1）

……目黄不動、また増えてるよ。

これは一体、どういうことだ？

ふたつの地図を見比べてみると、江戸時代と現代では、南側と北側が入れ替わっているほか、青、白の不動はそのまま東と西にスライドされたのがわかる。

結果、これら七つの寺院は興味深い形を作ってしまった。

風水的にちょっと面白い見方ができるので、それを紹介しておこう。

移動ののち、近年、目黄不動に名乗りを上げた龍巌寺と、目白・目黒不動は、ほぼ南北一直線に並んだ。しかも、地図をよく見ると、目白と目青を繋げた直線上には、赤坂御所が乗っているのだ。

龍巌寺と平井の目黄不動（最勝寺）を繋げた線上には、赤坂御所と皇居が並んでいるし。

これ……偶然なんでしょうかね？

まるで、江戸を守護した「五色不動」、皇族のための守護として配置換えされたみたいじゃないか。

黄色は、中央と皇帝の座を現す色だ。ふたつの目黄不動の間に御所と皇居が並ぶのは、風水的な都市論においては……ううむ、かなり妥当である。

ちなみに、江戸時代では、五色不動中、随一とされたのは目白不動である。なぜ、目白が随一とされたのか。生憎、それも謎だけど、現在、庶民にいちばん人気なのは目黒不動サマだろう。

ここは昔から滝があったため、行者の修行で賑わっていた。また江戸中期には、富くじ（宝くじみたいなモン）も行われ、信心する人も、お金の欲しい人も、

沢山、ここにやってきた。それが今の目黒不動の人気の元であるとも言える。

危機管理意識より、目先の金だ！

だが、そんなことはお不動サマには関係ない。彼らは今も五色の瞳を見開いて、東京警備に努めている。江戸・東京の結界はそれなりに安心できますな。

国を護る仏

仏サマの中には、武力自慢の方々がいる。その中でも、不動明王は庶民のいちばん人気である。天海僧正は五色不動を用いて、江戸の方位を固めたが、国全体を護る神仏もいらっしゃる。代表的なのは八幡大菩薩。この方は元寇《げんこう》来襲のとき、神風を起こした方である。国を敵から護る「国家鎮護」のコワモテは大元帥明王《だいげんすいみょうおう》だ。東京では増上寺にいらっしゃる。

ちなみに戦前の「元帥」という言い方は、この仏サマに倣った言い方だ。

spot 27

東京タワー

お墓に足一本突っ込んで、怪しいアイテム満載!!

access

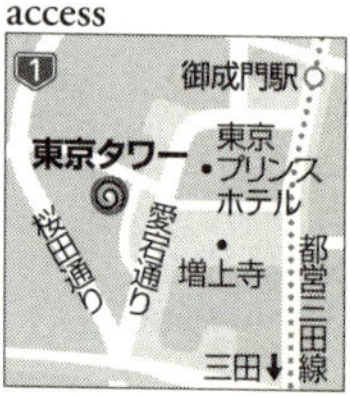

東京のシンボルというと、今は何になるんだろ。建物も流行りも、移り変わりが激しくて、ココ！　という場所は思い浮かばない。

陰陽《おんみよう》・風水的にいうなら、やっぱり皇居？　それとも政治の中心としての国会議事堂か。いや、それらの影響力は東京のみには留まらないから……うーん、東京タワーかね。

港区芝公園にあるこの電波塔は、都内各テレビ局の放送・通信用アンテナを集約している建物だ。今に至るデジタル社会の先駆けという存在か。

パリのエッフェル塔をお手本にして造られたといわれるコイツは、昭和三十三年完成で、高さは三三三メートル。「三」という数字へのこだわりが、呪術的にも怪しい感じだ。

　どういうわけか、数字というのは、昔から呪術的な力や意味を持っているとされてきた。中国道教で説明するなら、一はすべての根源を現す「奇数」＝「陽数」の始め。二は天地・男女・白黒などの両極を象徴する「偶数」＝「陰数」の始まりだ。で、じゃあ「三」は何になるかというと、これは調和の取れた陽数。東洋においては天人地、キリスト教では、父と子と聖霊。自衛隊においては陸海空。と、まぁ、おおむね、洋の東西を問わず、吉数として好まれている。

　こんなわけで、呪術では数のシンボルは重要アイテムのひとつにもなる。東京タワーにまつわる数字も、決して無意味なものじゃない。

三は吉であり、調和である――こう書いて、おしまいにするのもイイ感じだが、東京タワーの怪しさは、これで尽きるわけではない。

　ここのアヤシサのポイントは、なんといっても土地にある。東京タワー一帯は、古くもややこしい由来を持った土地なのだ。

　隣の芝公園には、都内最大級の古墳が遺《のこ》り、徳川幕府の菩提寺であった増上寺もある。東京タワーの足の一本は、この増上寺系の寺院の墓地を除けたところ

に、突っ込んで立っているのであった。

古墳・墓・寺とくれば、この土地が古代から「死」に近い〝気〟に満ちているのがわかるだろう。でも、ここは不吉の土地だ……なんてことはないので、ご安心を。

怖がることはありません。なぜなら死者を祀《まつ》る場所は、風水的にはグレードの高い土地が選ばれるからだ。

墓地に選ばれる場所は「子孫の繁栄をもたらす」吉地である。一般市民である我々は、そんなことを考えて墓地を選ぶ余裕はないが、古墳を造った豪族や徳川さんが選んだ墓地が一等地でないわけがない。この地は子孫繁栄のモニュメントを建てるには、何よりすぐれた土地なのだ。ゆえに、東京タワーもまた、東京のシンボルとして、あるいはマスメディアの象徴として、その繁栄を支える役を担っているのかも知れない。

また、東京タワーの一角には、南極探検隊のタロとジロをはじめとした十三匹の犬の銅像がある。

酷寒の地に捨てられた可哀想なワンコの銅像は、動物愛護団体により、当時、遠征隊への嫌味のごとく全国にわたって建てられた。そのほとんどはもう取り壊されたが、東京タワーの足許には、なぜか銅像が残っている。

この場所が選ばれた経緯は知らない。けれど、実は犬もまた、呪術的に解釈す

水族館・蠟人形館・土産もの店と、アジな施設も満載。19時からはライトアップされなかなか神々しい

ると、深い意味を持つ動物となる。

まず、ここ掘れワンワン『花咲《はなさか》じじい』の白犬が代表するように、ワンコは富をもたらすもので、狗張子《いぬはりこ》などという玩具があるように、子供の守り神でもあった。お産が軽いということで、安産のご利益もあるのだが……これは、東京タワーには関係あるまい。また、犬は古代においては、神への生け贄《にえ》であると同時に、強力な「魔除け門番」だったのだ。

中国の古墳の入り口には、かなりの割合で犬が副葬されている。昔の中国では、城壁の出入り口から魔物が入り込まないように、犬を吊るして祀ったともいう。うーん。これはかなり、いやかも。

ともあれ、人間のパートナーとして歴史の長い犬たちは、強い力を秘めている。タワーの足許にいる犬たちは、果たして何の力を秘めているのか。

勝手な想像をするならば、この犬たちは死んでしまったものの鎮魂の像――周囲の寺や古墳と同じ機能を持つと考えられる。

電波というのは、一説によると幽霊を寄せやすいとも言われているしね。

東京のシンボル・東京タワーが、なにゆえに、この土地を選んで建てられたのか。

なにゆえ、南極探検隊の犬たちは、この足許に座り続けているのか。
いずれにせよ、東京タワーはミステリーに満ちているのだ。

陰陽道

小説やマンガで題材に取り上げられ、ブームの感ありの「陰陽道」。これは、中国の宗教的宇宙観である道教をベースに、日本でアレンジされ、平安時代前後から体系化されたもので、宗教というよりは、暦・占い・風水・まじないを中心とした、古代の生活技術である。平安時代の宮廷にはこれらを司る陰陽寮というセクションもあり、そこに属した中で最も有名なのが、数々の説話を持つ陰陽師・安倍晴明サマである。

spot 28

新宿南口

異形の〝新参者〟は何をしでかす?

新宿の南口は一九八七年四月まで、旧国鉄の所有地だった。

新宿御苑がすぐ脇に控えていることもあり、ここはゆったり・ぼんやり・薄暗いという印象に満ちていたものだ。

ちょっと感覚的になってしまうけど、国の管理する場特有の「別に、どうだって〜」という雰囲気が、少し前までの南口には満ち満ちていたと言っていい。

そんな新宿南口が、ここ十年で大きな変貌を遂げたのは、みなさんもご存じのことでしょう。南口より前に開発された、東口と西口に比べれば、新しい分、広々として、どこかコジャレた感じがある。

さて。いきなり、嫌なことを言ってしまうが、急速に変化させられた土地（天

access

災ではなく、人為的に変わった土地）は、〝気〟のバランスを取るのが大変なのだ。南口はもともと暗い土地。そこにピカピカの大型ビルが、ガンガン建ち並んだ光景は、間接照明で照らされていたリビングに、突然、コンビニばりの照明が点いてしまったようなもの。

慣れていればこそ対応できるが、薄暗い明かりの中にいた人たちが「ぐぁっ！まぶしいっっ」となってしまうのは、間違いのないことだろう。これは人のみの問題ではない。土地に居着いた動植物や、強いていえば〝気〟も同じ反応を引き起こすと言っていい。

今だから言うけど、南口の大型店舗が次々にオープンした当初、私はあの周辺を歩けなかった。新しい場所と古い場所の明暗の差がありすぎて、目眩《めまい》を起こしちゃうからだ。……まぁ、私が新しいものに適応できない体質と言えば、ソレまでなんですけどね。

でも、最近はさすがに少し、土地も落ち着いてきたようだ。未だ「新参者」という雰囲気は拭えないけれど、線路を挟んだ両側の地は、もともとこの辺りが持っていた、ゆったり・ぼんやりに侵食されて、独特のテイストを持った、のど

かさを取り戻してきたようだ。

そう。土地の良し悪しのポイントは、バランスが取れているかどうかにかかっている。南口が完全に古い空気を払拭してしまったら、きっと居心地の悪い場所になっていたに違いない。だが、ここは幸いにして「ゆったり・ぼんやり」勢力が巻き返しを図ってきた。ここ暫《しばら》くはまだ、せめぎあいが続くだろうが、新旧が互いに侵食し、融合すれば、この場所も、落ち着きを取り戻すに違いない。

しかし。残念なことに最近また、南口はちょっとピリピリしている。原因はサザンテラスの南端に建った〝電波塔〟。

携帯電話のための塔だと聞くが、いちばんの新参者の癖に、コレ、妙な存在感がある。ほかにも高い建物はあるのに、どうして、あんなに目立つのか。

人の勘というのは、侮れないものである。風水でも「……な感じ」という印象は、かなり大切にされている。この電波塔を最初に見たとき、私はバットマンのゴッサムシティを思い出してしまったものである。ほかの人に尋ねたところ、「社会主義的」「無機的」だという、興味深い答えが返ってきた。うーむ、どうなっちゃうんだか。

とはいえ、どんな異形建築も、やはり時が経つにつれ、周囲に馴染むものである（馴染まなかったら、ヤバイのよ）。

前に語った東京タワー同様に、新しいこの塔もまた、のちには、あって当たり

甲州街道越しにサザンテラスを望む

前のものになることは確実だ。でも、ここ暫くの南口は——要注意、とのみ言っておこう。

ちなみに、この場所のオカルト・チェック・ポイントは、線路沿いというところにもある。

線路は風水的にいえば、川である。川の畔にある石が削られてしまうのと同様で、線路沿いは一般人が暮らすには、〝気〟が削がれるため、宜しくないとされている。

しかし、いつも何かが流入し、留まらない場は、パッセンジャーの集まるところ。同時に、移り変わりの激しい流行を捕らえやすい場所にもなるのだ。

ゆえに、南口は買い物客や旅行者などの「行きずり」には、むしろ、最適な場所なのだ。

思えば、新宿という名前自体、由来は宿場町にある。宿場もまた、通りすがりの旅人が集まっては去るところ。加えて昔の宿場町は、飲む打つ買うの三拍子が揃った娯楽施設でもあった。

その特徴は今もなお、新宿に色濃く残っている。ここが繁華街として繁栄する

のも、昔ながらの「お約束」だ。
そして、いつまで経っても、新宿がどこかしらダサイ感じがするのも、昔の宿場町であった「お約束」と言えるのかも知れない。

風水

古代中国を発祥とする、一種の環境学。世の中のものごとすべてが陰と陽の二つの〃気〃によって象《かたち》づくられていると考え、土地や地形、建物などが持つ気が生活者に対して影響を及ぼすとする。また、風水はそれらを生活の上で利用しようという、実践的・現実的な技術でもあり、占いやお祓いと並んで、陰陽師の仕事に数えられる。ちなみに、中国では風水師のことを今でも「陰陽先生」「陰陽博士」などと呼ぶことがあるらしい。

三、行きたいなら止めません。

spot 29

渋谷

犬が南向きゃ、魔物がのさばる⁉

access

渋谷での待ち合わせというと、私は未だハチ公の前を使ってしまう。どんなに渋谷を知らない人でも、あのワンコの存在だけは絶対、わかっているからだ。

それだけ著名なものともなると、当然ながら、霊的な力も強くなる。

――そうそう、一応、言っておくけど、土地に強い影響力を及ぼすものは、有名なもの、古いもの、大きなもの、そして目立つものである。

ハチ公の像は小さいが、全国に知られた存在だ。愛犬家や動物好きには、涙なくして語れない日本のアイドル犬であり、犬を飼っている人なら誰でも一度は、ハチと我が家の犬を見比べて「ハチ公に比べて、お前という奴は……」と嘆いたことがあると聞く（いや、ちょっと、大げさですがね）。

ともあれ、その有名な忠犬がシンボルマークともなれば、銅像が渋谷にもたらす影響力も強くなる。

もう十年以上前になろうか。その銅像の位置が変化した。前の位置から少し脇に寄せられて、体の向きが変えられたのだ。

長くひとつの場を占めていたシンボルが動けば、当然ながら、土地の体質も変化する。

今、渋谷にはティーンエイジャーが溢れているが、そうなってしまったきっかけを風水的に言うならば、「ハチ公の位置が変わったため」と、断言してもいいのである。

なんで、断言できるのかって？　理由は陰陽五行の法則にある。ちょっと難しい説明になるけど、我慢して読んでいただきたい。

場所を移され、ハチ公は東向きから南向きになった。

陰陽道では、万物は陰陽五行（陰と陽、木火土金水の性質）で成立・解釈できるとされている。その中、犬は五行において金性の動物とされている。子《ね》を十二時——即ち北の位置に置いた時計を想像していただきたい。十二支の中の「申《さる》・

酉《とり》・戌《いぬ》」は西の位置に来るのがわかるだろう。この西方位を象徴する五行が、即ち「金」なのだ。

うーん……難しかったら、ごめんなさい。

さて。これと同じ法則を使うと、東は木性、南は火性に相当する。それで、さらに難しい話になるのだが、この五行はお互いに強弱の関係を結んでいるのだ。たとえば、火は水に弱いが、木には強いというように。

ま、これ以上の理屈は言わないが、ともかく、そんな考え方があるというのは、わかっていただきたく思う。

さて。このややこしい法則を金性の犬であり、また、金属でできているハチ公像と、新旧の方位に当てはめてみると、ちょっと面白い話になる。

ここからが、今回の本題だ。

東向きだったときのハチ公は、金属の斧が木（東）を伐るように強い力を保っていた。ところが火（南）に顔の向いた今、金属が火で溶かされてしまうのと同様の弱い存在となってしまったのである。

東京タワーの項でも触れたが、犬は魔除けであり、子供の守りだ。渋谷駅という「町の入り口」に立っていることをも加味すれば、ハチ公はまごうかたなき、強力魔除け門番だったと言っていい。その力が弱められ、渋谷の街はどうなるか……いや、どうなったか。

微動だにせず(って当たり前)、来ないご主人を待ち続けるハチ。よく登られているが、今日は無事

最近の事件事故の発生率をかえりみるなら、答えはすでに出ていると言ってしまっていいだろう。

また、こういう解釈もある。

五行では、東は若者に相当し、金は熟年に相当する。ハチ公は〝忠犬〟と言われるごとく、戦前から続いていた古い価値観のシンボルだった。そんなオールド・エイジの力が、東＝若者の力に勝っていたのが、かつての渋谷という土地だ。それが向きの変化によって、古い価値観は崩壊し、渋谷は若者の街になった。

好意的に見るならば、こんな見方も、まぁ、可能だろう。

地下鉄銀座線が渋谷駅で地上に出るように、この地は名前どおりの谷である。谷の〝気〟は変化しづらいが、一旦、変化すると、変わりづらい。そして、谷の〝気〟は基本的には、暗い「陰気」に充ちている。

ハチ公の向きが変わった影響は、十年以上の歳月を掛けて、渋谷の街に確実に及んだようである。となると、まだここ当分は、渋谷はティーンエイジャーの席巻する街であり続けるはずなのだけど――はてさて、未来はどうなりますやら。

番犬なしでも、魔物が威張らずに済むような街になって欲しいものである。

陰陽五行

道教において、万物は陰陽と五行の組み合わせにより表現される。五行＝木火土金水は、互いを生み、成長を助け（相生）、互いに相手を妨げる（相剋）。相生とは、木は燃えて火を生み、火は灰を作るので土を生み、土は……という循環であり、また相剋は同じく、木は根を張って土を害し、土は土砂となり水を害し……となる。

また、五行は象徴的な万物の要素ともなり、木＝春＝東、火＝夏＝南、土＝土用＝中央、金＝秋＝西、水＝冬＝北を象徴する。例を挙げると、木性は若者、青色、怒りを表し、内臓では肝臓、味では酸となり……などと、象徴は森羅万象に及ぶ。陰陽はそれら万物を文字どおり、陰と陽のふたつに大きく区別するものだ。

spot 30

池袋

一度ハマると抜けられぬ。「袋」に溜まるモノあれこれ

access

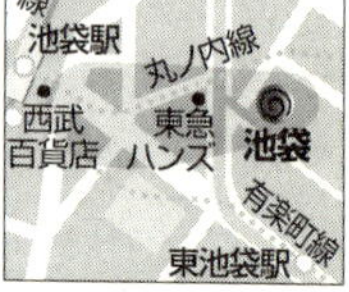

「池袋の女」という怪談をご存じだろうか。

江戸時代。とある商家に、ポルターガイストが頻繁《ひんぱん》に起こるようになる。家の人々は恐れおののくが、あるとき、ふと、何かのきっかけで、

「ポルターガイストの原因は、新しく入った女奉公人にあるのではないか」と、主人は思うようになる。

主人が女を問いつめると、奉公人の出身地が池袋であったと判明する。「やはり」——主人は頷《うなず》いて、奉公人を解雇する。

そして女が出ていくと同時に、怪異はぴたりと止み、収まるのだ。

メデタシ、メデタシ……なのだけど、さて、ここで問題です。

どうして主人は「やはり」と思ったのでしょう?

それは昔から、池袋出身の女はよその土地に出ると災いを呼ぶ、と言い伝えられているからだ。

池袋の神サマは男の神サマであり、とても嫉妬深い方という。だから、そこで育った女性が池袋以外の土地に出ると(すなわち、ほかの神サマに縁付くと)、そのことを激しく嫉妬して、災いを呼ぶとされている。

なんとも、困った神サマだ。

だが、話自体は古いものだが「池袋の女」の威力は、未だ活きているらしい。統計を取ったわけではないが、私の周りに限っていうなら、数年、この地で暮らした女性は、引っ越しても、池袋から離れなくなる傾向がある。池袋の神の嫉妬か、それとも単に、暮らしやすい土地なのか。みなさんの周りはどうだろう。

毎度、地名の話になるが、池袋は「池・袋」。行き止まりの湿地帯だ。

今でこそ、デパートや劇場が建ち並び、活気を見せているけれど、交通の発達する以前、池袋は東京の果て、田圃《たんぼ》だらけの田舎であった。

だからこそ戦後、戦犯たちを収容した巣鴨プリズンなどという監獄が建てられ

たのだ。人口密集地に、このテの施設は建てられないのが常だからね。

しかし、湿地帯の行き止まりに、そのような暗い建物を建てるのは、あまり誉められたことではない。渋谷の項でも言ったけど、行き止まりや谷筋は、良かれ悪しかれ、何かが溜まる。殊に、どん詰まりの湿地帯には、マイナスの〝気〟——すなわち幽霊が溜まってしまいがちなのだ。

そんな場所に、怨念留まる陰気な監獄なんかを建てたなら、その土地は幽霊さんたちにとって、とても住みやすい場所になる。

こういう場所は、墓地があっても怖いことになるのだが、生きた人間の怨念や死刑になるときの無念さは、のほほんとした骸骨の集合場所が醸《かも》し出すエネルギーの比ではない。

重い。暗い。というわけで、ここは今現在も、池袋の女は棲むわ、幽霊話は絶えないわ、という困った土地として噂されている。

例の監獄跡地に、某高層ビルが建っているのは、みなさんもご存じのことでしょう。この、右翼的にも聞こえる名前のビルは（大きな声では言えないが）知る人ぞ知る心霊スポットだ。

本当かどうかは知らないが、このビルは建設当時から、作業員が死んだだの、設計ミスで四方を壁に塗り込められた、開かずの空間ができただの……妙な噂が立っていた。

東が西武で西東武～、というところからして怪しい池袋。
写真は東口から遠景にサンシャイン60を望む

この周辺がらみでは、知人の劇場関係者から、直接聞いた話がある。

某高層ビル近くにテントを張って、公演を行ったときのこと。

役者さんが舞台に上がると、入り口近くにえらく背筋のピンとした、制服姿の男が見える。目深に帽子を被った男の顔は見えないが、ピカピカに磨かれた長《ちょう》靴《か》が印象的だ。

(誰だろう。警備の人だろうか)

俳優は思い、演技を続ける。しかし実際、警備員など、その劇団は雇っていないのだ。

「じゃあ、あれはもしや、軍人の……」

俳優達はゾッとする。

その影は結局、千秋楽まで毎晩毎晩、扉に立ち続けたという。

――都市部となり、明るくなっても、暗い話のつきまとう場所というのは存在する。

ＪＲにより建てられた、池袋のシンボルは「いけふくろう」。典型的なオヤジギャグだが……。

池袋のシンボルとなったこの鳥は、実は冥界の使者でもあるのだ。

象徴としての動物

古《いにしえ》から、人間は動物たちにさまざまな霊力を見てきた。ふくろうは冥界の使者であると同時に、知恵の神ともされる。中国の風水では、特定の色の金魚は財運を呼び、魔除けにもなると信じられている。猫はさまざまな魔力を持つ。招き猫で知られるように、財を呼び、人を呼び、魔物から人を守ることもするが、一面、悪魔的な力を持つ場合も。狐も、お稲荷サマで知られるように、日本では霊的な存在。鳥では、鳶《とんび》が天の狐の化身とみなされる。また、カラスも予言能力を持つ神の使いとされる。鳥は声の良し悪しで、その存在の吉凶が変わる。一般に、夜の雀の声は不吉とされている。

spot 31

上野

旧幕軍のサムライが徘徊!?
お化けの宴会にご用心

上野は東京における一大オカルト・ゾーンである。

そりゃ、アメ横もあるし、美術館や博物館巡りもできるけど、実はあの上野公園、徳川関係の心霊スポット巡りには最適（?）なのである。なんといっても、上野公園は江戸幕府終焉の地と言ってもいい場所だからねえ。

ちょっと、歴史の話をしよう。

幕末、上野の寛永寺を本拠地とした幕軍（彰義隊《しょうぎたい》）は、この地で皇軍と戦い、敗退。上野の山は死屍累々《しるいるい》という感じになった。折り重なるように倒れた死体は反逆者のものであったため、埋葬の許可がなかなか下りず、上野は暫《しばら》くの間、すさまじい異臭と景色だったらしい。

access

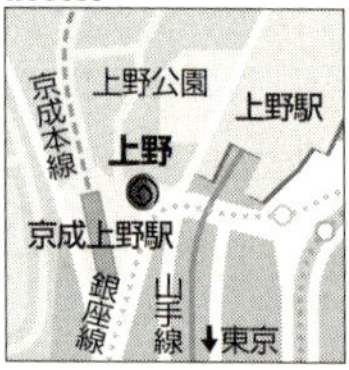

まぁ、ここに限らず、東京自体、はっきりいうと死体の上に立っているようなものである。第二次世界大戦時の東京大空襲では、一日に十万人が殺された。その前は関東大震災。そしてその前は上野戦争……。時を隔てて重なっていく死者の魂の厚みによって、上野は今でもほの暗い。ここの桜が黒々とした枝を下に伸ばして咲き誇るのも、そんな上野の〝気〟によるものだ。

桜の花は古来、神や霊の集う木だとされている。だから、土地土地に赴いたとき、桜の状態を見ると、その土地の〝気〟がよくわかるのだ。

霊の集う場所の桜は、幹が黒くて、下に枝を伸ばしている。節からイレギュラーな小枝が伸びて花を咲かせてしまったり、苔が多くついているのも、このタイプの典型だ。

神社など、神の居場所にある桜は、天に向かって緑がかった枝を差しのばす。一本一本の枝はそんなに太くならないようだけど、どういうわけか古木でも若々しい感じがするのが多い。

ちょっと話がずれるけど、桜に限らず、樹木はなぜか、〝そういう〟場所に敏感なのだ。のちの項でも触れるけど、近くに強力な霊地や聖地がある場合、南の方

位なんぞは無視して、樹木はそちらに向かって枝を伸ばしたり、幹を傾けてしまったりする。

以前、そういう木が一筋の道を作るように並んでいるのを見かけたため、私は物好きにも、その道筋を追って歩いたことがあった。他人の敷地をも構わずに、ひたすら歩いていったところ、なんと、最後にはお寺に着いてしまったのである。

枝の曲がった木の道は、仏サマなり幽霊なりが通る道だったのかも知れない。暇な人は、そういう場所を探し出し、〝道〟を歩いてみるのも面白いだろう。

閑話休題。

上野の桜は言うまでもない。死のエネルギーによって咲き誇る。

ここの桜に集う〝彼ら〟のうち、強力なのは、彰義隊のそれだろう。西郷隆盛の銅像は上野のひとつのシンボルだけど、幕軍の霊にとっては当然ながら、とってもムカつく存在だ。犬連れて、彰義隊のお墓に思い切り、お尻を向けているんだからね。私は銅像の近くに立つと、いつも背後から「ナメんなぁ!」という、暗い怒りが忍び寄るのを感じるのである。

とはいえ、上野の山はすべてが陰気な場所というわけではない。西郷隆盛像と彰義隊墓地の間にある「天海僧正毛髪塔《てんかいそうじょうもうはつとう》」、そして、少し北側の摺鉢山《すりばちやま》は知る人ぞ知るパワースポットだ。このふたつのスポットは暗い上野の山の中、ちょっと異質な存在である。

上野のランドマーク、西郷隆盛像。本日、犬だけでなく黒猫も連れてます。この後方が、件《くだん》の……

「天海僧正毛髪塔」は普段、鍵が掛かっているが、縁のある人が訪れると、その鍵が開くとされている。また、摺鉢山の上にある一本の外灯の隣では、誰でも不思議な暖かさを感じる。是非一度、お試しいただきたい。

しかし、どう取り繕《つくろ》っても、上野の山は〝陰気〟に満ちる。彰義隊のお墓はまだいい。いちばん、怖いのは国立博物館裏にある、荒れ放題の徳川墓地だ。幽霊が出るという、噂があるだけではない。行けば確実に、頭が重〜く、具合が悪くなってくる。

そういえば、手前の国立博物館も、結構な幽霊スポットだ。ここは撮影禁止だが、建築がカッコイイので、ときどき内部を写真に撮るヤツがいる。すると……大概〝写って〟いるのだ。私も実際、友人から〝写ってしまった〟写真を見せてもらったことがある。

ま、上野の山自体「見た」とか「写った」とかいう話は多い。上野は幽霊サンたちのお散歩地帯なのだろう。

今はここ、お花見の季節でも、夜間進入禁止だが……そうなった理由は治安ではなく、お化けの宴会に人が紛れ込まない用心のため——と、私は密かに考えて

いる。

樹木

自然物にはすべて霊魂が宿るというのが、日本古来の宗教観。日本人は昔から、木や石などには神が宿ると考えていた。樹木で最も格上と考えられたのは松で、「松竹梅」というように、竹や梅も位が高いとされている。位の高い木は神が宿ると同時に、神そのものとしても扱われる。これがいわゆる「ご神木」だ。杉やケヤキ、ナギ、オガタマなども同じくで、特にオガタマは漢字で書くと「招魂」ともなり、古来から神の木とされた。神に捧げる植物の代表は榊《さかき》。椿《つばき》などの常緑樹は枯れることのないエネルギーを秘めていると言われ、崇められた。同じく常緑樹、橘《たちばな》は「左近の桜・右近の橘」といわれるように、宮中に桜と共に植えられた霊力の高い樹木である。

spot 32

都庁

なんと埋蔵金伝説が！ しかもお化けつき

都庁舎は今や、東京の観光名所のひとつである。形だけなら、ほぼ日本全国の人が知っているに違いない。

この新都庁舎が風水を考えているといった噂は、建築当初から囁《ささや》かれていた。東京都がそれを認めたとは、ついぞ聞かない話だけれど……。

第一本庁舎と都議会議事堂の建物は、都庁道路を間に挟んで、二本の連絡通路で繋がっている。中心物の前面をこのように囲うデザインは、中国や韓国、沖縄など、道教圏の影響のある地域に見られる「風水墓」の形に似ている。

この「似ている」「……に見える」ということは、風水の判断には実はとっても重要なのだ。風水の本場、香港では「蟹《かに》に似ている」「刃物に似ている」という一

access

般人の評判によって、その施設の評価や役割が決まってしまうことが多々ある。

そして、都庁はどういうわけか、風水墓を知らない人でも、

「お墓臭い」「怖いよね」「悪の巨塔っていう感じ」「東京が大震災とかで壊滅したとき、あれが墓標となるんじゃないか？」

――そんな感想を述べるのだ。

一般人の評価など、都庁側にとっては痛くも痒《かゆ》くもないのだろうが……。はてさて。

ともあれ、お墓に似ている都庁舎には、どんな意味があるのだろうか。ちょっと考えてみたいと思う。

道教圏における風水墓は、子孫の繁栄を図るためのデザインだ。ゆえに都庁舎も〝吉〟だと言いたいところだが、実は、風水墓と都庁舎のデザインには、大きな違いがあるのであった。

両翼となる通路のデザインだ。

風水墓では、前に伸びた両翼は前面を開け、〝気〟の流れを塞がないように開いている。対して、都庁舎は完全に輪が閉じてしまっている形である。これでは中

に、〝気〟は入らない。中の〝気〟もまた、滞る。間に自動車道路があるので、一概に判断はできないが、閉じた形を用いる都庁舎は、自分の領土のみをガッチリとガードしているような感じだ。

都庁舎は一見、斬新なデザインなのだが、風水的に見た場合、そこから読みとれるのは、案外、保守的で排他的な姿勢なのである。まさに日本の政治体質を、そのまま体現していると言っていい。

だが実は、問題はそれだけじゃない。ここには土地の因縁もある。

この場所に都庁舎が建つと知ったとき、東京に昔から住んでいる人々は、嫌な顔をしたものだ。

都庁舎が建つ以前、この土地は淀橋浄水場という巨大な溜め池であった。もともと地盤の緩《ゆる》い土地を埋め立てて、重量を持つ建築物を建てること自体、無謀なことだ。しかし、東京の人が嫌がったのは、現実的な理由とは、ちょっとかけ離れた話であった。

なぜなら江戸時代以来、この一帯は怪談のメッカであったからである。

都庁の背後・北西の方に位置する淀橋は、江戸期より幽霊の出る橋として著名

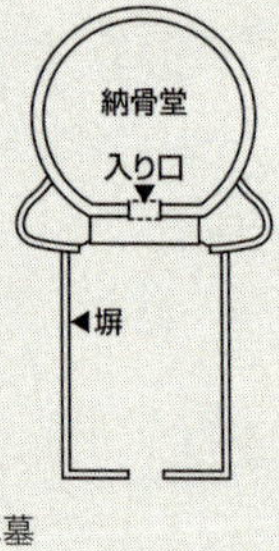

風水墓

であった。花嫁はそこを不吉とし、渡らなかったという伝説もある。そんな古い怪談が、なぜか、都庁周辺では今に至っても活きているのだ。

この幽霊話にまつわって、周辺にはもうひとつ、驚くべき噂がある。

東京都庁舎。建った当初はぜいたくだ！　と叩かれてましたっけ。正面を、向かってやや右より撮影

な、なんと淀橋には、埋蔵金が埋まっているとか！

「黄金千杯漆《うるし》千杯」と言われた、この埋蔵金。全国にある伝説同様、実際に黄金はないものと思われている。が、昔、都庁裏にある熊野《くまの》十二《じゅうに》社神社《そうじんじゃ》の側から、実際に漆の詰まった瓶が発見されているのだ。

新宿の埋蔵金伝説は、根拠のない嘘とは言い切れない。そして、淀橋に出るという幽霊も、実はこの埋蔵金伝説に絡んだものなのである。

黄金と漆の瓶は（昔は漆も貴重品だった）、近辺の長者が隠したもので、隠す仕事を請け負った人夫は、仕事がすべて済んだあと、口封じのために淀橋上で殺された。

そしてその幽霊こそが、黄金の分け前を貰い損なった悔しさに、今も橋に化けて出るのだ。だから……あそこにまだ、未練のある幽霊が出るということは、埋蔵金もあるかも知れない。

新宿副都心で埋蔵金掘り。

マニアなデートスポットとして、お勧め度ナンバーワンである。

風水墓

風水墓は形が亀に似ていることから、亀甲墓《きっこうぼ》とも呼ばれる。風水的に最も好ましいとされる地形をコンパクトにデザイン化したもので、中国・朝鮮半島・沖縄などに見られる墓の形式だ。納骨堂と周囲を囲む塀などからなるこの墓は、家のような作りになっており、まさに「死者の家」としての機能を持つと言っていい。沖縄では遺体は、この「家」に安置され、風葬にされたのちに、洗骨。壺に納められてもう一度、「家」の中に安置される。

spot 33

哲学堂

㊟哲学テーマパークに理屈っぽい幽霊が出るワケ

access

噂は散々、聞いていた。

「あそこは出る」といった噂だ。痴漢や熊が出るわけではない。この「出る」は即ち、お化けのことだ。

初めて、哲学堂公園に幽霊が出ると聞いたのは、まだ学生の頃だった。当時はよくある怪談のひとつだろうと思ってたのだが、以後現在に至るまで、私は様々な人から様々な場所で、同じ話を何度も聞いた。

「正門の横に、電話ボックスがあるでしょう。夕暮れ過ぎ、そこに〝いる〟って」

「電話を掛けている女がいてね。振り向いたら、消えてたんだよ」

なぜ皆、同じ事を言うのか。

理由はひとつ。マジな話というのに尽きる。

哲学堂は、東洋大学を創設した井上円了《えんりょう》が、独自な哲学思想をもとに全財産を投じて作った「社会教育のための公園」だ。

こう聞くと、なんとも堅そうな感じだが、円了先生は妖怪博士の異名をもって知られたお方だ。ゆえに、その思想も、まさに独自。正直、かなり変である。

公園の看板には、こんなことが記されている。

「円了は、ここを〝考える人・哲人〟を養成する道場としてつくりました。園内の建造物には、その目的にそった哲学的な名前がつけられています。円了自身はここを精神修養公園と考え、哲学宗の本山・道徳山哲学寺とも呼んだといわれています」

……哲学宗って何なんだ？　哲学を宗教にしちゃっていいのか？

実際、ここの「四聖堂」には釈迦《しやか》・孔子・ソクラテス・カントの四哲人が祀《まつ》られている。が、となると、プラトンやデカルトやショーペンハウエルの立場は如何に。釈迦が哲学者でいいならば、イエス・キリストだって並べろよ――と、ここは、非常に円了先生個人の好みがわかってしまう場所でもある。

それはともかく、この公園、そんな独自な思想の暴走……もとい、発露によって、道や建物の一々に、妙な名前がついている。

真理界・接神室・意識駅・絶對城・無盡蔵などなど。私のような凡人には、なんのことやらといった感じだ。公園内を見渡せば、「髑髏庵《どくろあん》」だの「鬼神窟」だの、おどろおどろしい名称に充ちていて、私にはやっぱり哲人・円了というよりは、妖怪博士・円了の公園のように思われる。

さて。そんな「哲学」象徴のひとつとして、噂の正門も存在している。

「哲理門」と呼ばれる門は、俗称を「妖怪門」といわれるだけあり、門の両脇には幽霊と天狗《てんぐ》の像が配されている。

「本堂の正門に当り左右の天狗《てんぐ》と幽霊は、もと、この地に天狗松と幽霊梅があったことにちなむとともに、前者を物質界、後者を精神界に存する不可解の象徴とみなしたものである」

門の説明にはこうあった。

これも理屈はわからんが、ともあれ、その門前に、かの幽霊は出現するのだ。

つい最近、私はこの幽霊の出現理由に、風水的説明を試みる某研究家の話を聞いた。真偽のほどはわからないけど、一応、その説をお伝えしよう。

公園の中には、天狗松と幽霊梅と名付けられた樹木がある。これは正門の説明にあったとおり、昔、この地域にあった樹木がなくなってのち、新たに植えられ

仁王のかわりに幽霊と天狗が守る門をくぐると、
老人と猫と羽虫の集う御堂前の広場が

たものである。

この新しい天狗松は、門の右にある天狗像と、物質のみを真の存在とする思想（唯物）を象徴した場にある狸燈を一直線に繋いである。某研究者いわく、このラインが天狗像を物質に繋ぎとめ、「出ない」ように留めているという。

それに対して、幽霊梅は野放しに門に繋がっている。そして、その延長線上に電話ボックスは立っている。だから、物質界に繋がれない幽霊が、電話ボックスに現れる……。その人はそう語るのだ。

むむ。もし、この理屈が真実ならば、哲学堂公園はまさに、ある種の理屈に則《のっと》った優れた場所といえるだろう。

風水は人の手によって、良くも悪くもなるものだ。怪奇スポットもまた然り。

哲学堂の幽霊は、円了的に言うならば、思惟《しゆい》という造形により、精神界の不可思議を可視化してしまった現象なのだ。

幽霊の出る場所

土地を良くし、人に幸を与える方法があるなら、悪くする方法もあるのが風水だ。だから、哲学堂のように人為的に建物を建てたり、物を置いたりして、幽霊の出現を促すことも可能である。場所に幽霊を出やすくするには、淀んだ水を配置したり、水が重要な建物の下を、悪い位置で流れるようにする。地下水脈がこういう場所に流れているのもなかなかよろしい。部屋の中には、鏡など、霊の好むアイテムを暗い場所に設置するのもよい。が、より確実なのは、高圧線などを張り巡らせて土地の磁気を狂わせることだ。枝振りの悪い木を、水はけの悪い場所に植えるのも、なかなかすぐれた選択である。そして冬でも羽虫が溜まるような場所になったら（羽虫は案外、そういう悪い場所に惹かれるからね）、遠からず、その場所は幽霊の名所になるだろう。

spot 34

東京競馬場

「魔の第三コーナー」に棲んでるモノって、なーに？

競馬場には魔物が棲んでいる——そう言うと、大きく頷いて、泣き崩れる方も多かろう。ギャンブルの魅力というのは、まさに魔に近い感じだが、府中の東京競馬場には、本物の魔が棲むと聞いている。

魔物の棲息地は、コースの第三～四コーナーの内側にある〝大欅《けやき》〟（榎《えのき》説もアリ）だ。観客席の視界を遮る大木は、馬の走りを見守る人には大変、邪魔な存在だ。けど、それでも、この木が伐られることなく視野を遮り続けているのは、木を伐ると祟《たた》る……という伝説が存在するからにほかならない。

木を伐ろうとした人が途中で気分が悪くなり、そのまま亡くなってしまったとか、枝を払おうとした人が落ちて大怪我をしただとか、欅にまつわる話は多い。

access

のみならず、木に馬がいちばん近づく場所は「魔の第三コーナー」と言われてしまうほど、事故が多発する地帯でもある。しかもなぜか、大きなレースに限って、事故が頻発するのである。

馬が骨折したり、騎手が落馬したり。なぁんと、過去十年の間、東京競馬場で起きた事故の四割強が、このコーナー付近で起きているとか。

「観客から見えない位置に入った途端、騎手同士が相手をボコボコにしているんだよ」

などと、ぬかす輩《やから》もいるが、きっと原因は別にあろう。

ともあれ、ここは、かの寺山修司氏も『競馬への望郷』中、第三〜四コーナーには悪霊が棲む、と記しているほど有名な祟りスポットなのだ。

祟りが囁《ささや》かれるのには、理由がある。実は、この大欅の根元には、三十二基ものお墓があるのだ。

安土桃山時代の豪族・井田是政《これまさ》の墓である。

東京競馬場は昭和八年、目黒からここに移転してきて、開場された。その土地買収の際、井田家の子孫が、日本刀を振り回して買収に強く反対したため、ここ

にお墓が残ったとか。

もともとは、ほかの墓地もあったということだから、この競馬場、墓地の上に建てられたということになる。

こうなると、祟り話が出てきちゃうのは、当然という感じもするよね。

なに？　お墓は移動したんだろう？　ならば、問題は何もないだろうって？

うーむ、そうかも知れないが、オカルト噂話によると「引っ越したお墓と共に、霊が移動するとは限らない」そうなのである。

真偽のほどは、もちろん私にはわからんが、土地に根付く野良猫や、引っ越し先から何百キロも離れた実家に、犬や猫が戻っていっちゃったりするという……ああいう話と同じことを、幽霊もするのかも知れない。

ともあれ、日本ダービー、秋の天皇賞、ジャパンカップなど、大きなＧＩレースも行われる競馬場のコースのド真ん中が、墓地だったとは……。

理由はともかく、それだけで、充分なミステリーではないか。

それのみならず、問題の大欅自体にも祟り話がつきまとう。

四本ある欅のうち、いちばん大きな（競馬場にとっては邪魔な）木の伐採を始めたとき、最初の枝を落とした人は、次の枝を落としにかかる日の前に、原因不明の突然死を遂げたとか。それを知った作業員たちは恐れをなして、一旦退散したものの、数年後、祟りを信じない別の職人が、二本目の枝を伐ったところ、ま

あのこんもりしたのがそうですね。でも、今日も出走！

たまた急死してしまった。そして、もう一度トライした人も……。

が、実際のところは、この大欅は一本ではなく、欅や桜・楡《にれ》など、樹齢二百～三百年の数種の樹木が寄り集まっているらしい。お墓を守る井田家の子孫は、手入れのためにときどき、枝を払っているので、祟り話は事実無根ということである。競馬中の事故も、コースのアップダウン自体に問題があるとか。

しかしね。私は思うのだ。

なぜ、プロが設計したにもかかわらず、事故が多発するコースが作られてしまったのか。井田家以外の人間が、無闇に枝を伐ったらどうなるのか。そして、事実無根なら、どうして、さっさと木を倒さないのか？

祟りなんか迷信だって言うのは簡単なことだけど、人の心はそう簡単には割り切れないものである。そして割り切れない部分にこそ、言葉にできない真実が、隠れているのが常なのだ。

事実、ここには今、鎮魂と馬の安全祈願のため、馬頭観音《ばとうかんのん》が祀《まつ》られている。

第三コーナーに棲む怨霊は、未だ活きているのであーる。

競馬場の謎

呪術的には、馬は神サマの乗り物であると同時に捧げ物だ。そして陰陽道《おんみょうどう》において、馬は「地鎮」に使われる。大地を踏みしめ、そこの地霊を騒がぬように、押さえつけるのが馬なのだ。競馬場も、そういう役目を負っていると考えられる。淀にある京都競馬場は、コースの真ん中に池がある。そして弁天サマが祀られている。ここもまた、神霊的な存在を中心に残している。また、京都競馬場は長岡京の裏鬼《うらき》門《もん》に位置してもいる。長岡京も、府中も、滅びた都や一族が存在するところという意味では同じである。墓やら神社やら鬼門やら……全国の競馬場の立地条件を探っていくと、案外、面白い結果が出そうだ。

spot 35

芝公園

二十三区最大の古墳は強力パワースポット!?

access

前のところで東京タワーを取り上げたのを覚えているかな？　今回はその隣にある、芝公園のお話だ。

芝公園の中には、じつは二十三区最大という古墳が存在しているのである。その名もお洒落《しゃれ》な丸山古墳！　……きっと丸いから、この名前がついたんでしょうね。

でもコレ、もとはちゃんとした前方後円墳だったのだ。それを江戸幕府が増上寺を建てる際に崩してしまい、丸くなってしまったとか。

他人のお墓を崩すなんて、オッソロシイことをするもんだ。が、これにはちゃんと呪術的な意味がある。

前方後円墳の前方部を崩した跡地は、徳川家のお墓になった。

古墳というのは、江戸という土地に栄えた古代豪族の墓である。その上に、征服者の墓を建てるということは、前の権力者の墓所を、幕府の霊で封じるという行為に等しい。加えて、前権力者が墓所として選んだ土地のパワーを吸収・利用することになる。

お墓の建て方ひとつにも、幕府は風水的かつ政治的な戦略を取っていたのである。

生憎、今の墓所は往時に比べれば大分、縮小しているが、一部は増上寺の裏手に現存している。興味のある方、徳川に思い入れのある方は、お参りしてみるのもいいだろう。

さて。徳川の仕掛けはそれだけじゃない。日比谷通りに面する東照宮《とうしょうぐう》も、古墳をうまく利用している。

この東照宮は丁度、古墳が鬼門《きもん》に来る場所に建てられている。こちらは古墳の力を鬼門除けに利用して、東照宮の安泰を謀っていると判じていい。

むむ。こう記すと大したものだが、果たして、古墳ひとつに、そんなに大きな力があるものなのであろうか。

私は「ある」と思っている。

なぜなら今、残された古墳に登っても、土地のパワーを感じ取ることが十分可能だからである。

感覚的な話ではない。実際、これ、目に見えるのだ。

麓《ふもと》にある貝塚を過ぎて、てっぺんまで歩いていくと、伊能忠敬《いのうただたか》の測量記念碑が建っている。それを見るのもいいけれど、ちょっと上を見上げてみよう。周囲を囲んだ木がすべて、古墳の中心に向かって枝を伸ばしているのがわかるだろう。ここの木はなぜか、南に向かって枝を伸ばしていないのだ。

上野のところでも記したけれど、木は〝気〟に敏感なので（シャレじゃないゾ）、正邪を問わず、強いパワーのある場所に枝を伸ばすようになる。つまり、この古墳は真ん中に、南の太陽をも凌《しの》ぐパワーを秘めているということになる。

枝の向かう先、ど真ん中には意味不明の石がある。これは、もともと古墳の中に収まっていた石室（お墓）の欠片《かけら》だとか。

木はこれに引き寄せられているのか？　それとも古墳そのものに？

そこまではちょっとわからないけど、植物が何かに引き寄せられているのは間

違いないことだ。

怨念か、はたまた、聖なるパワーか。実際に行って、自分自身で感じてみるのがオススメだ。明るい感じがするとか、暗いとか、それなりにわかるはずである。

参考までに加えると、私は日暮れ過ぎには絶対、この公園には行きません。

古墳

大昔の墓がなぜ未だに力を保っているのか、不思議に思う人もいるだろう。これは墓自体の力ではなく、土地の力が大いに関係している。

古墳や神社の造られる地は、勘の良かった昔の人が「ここに大地の神がいる」と感じた場所と思っていい。ゆえに、神そのものを祀《まつ》ったり、先祖の霊を強い力で護ってもらおうと、墓を造った。そして建てられた神社や古墳は、土地の気をもっと強くするバイブレーターの働きをしている。

ちなみに世界最強の古墳は、エジプトにあるピラミッドである。

spot 36

東京駅周辺

オカルト的にも現実的にもオソロシイ場所!?

access

最初にひと言。

皇居周辺に対して不敬なことを記すと、いろんなところから睨《にら》まれる。だから、私、ここでは公になっていること以外は記さない。〇〇にお化けが出るとか。××の中にもデルとか。△△が、うぎゃあっ！　というポイントだとかは、絶対書かないので許してね（……誰に言っているんだか）。

さて。

遺跡関係の人たちの間で、こんな言葉が使われているのをご存じか。

「三尺下は江戸の華」

東京の地面を一メートルほど掘り返したら、そこには江戸時代の遺物がゴロゴロ転がっているということだ。

家の新築のために整地をしたら、妙に古い茶碗の欠片《かけら》が出てきた——なんて経験をお持ちの方もいるはずだ。それ、もしかしたら、江戸の庶民が使っていた食器という可能性がある。

だけど、皇居の周辺からは、そんな安い茶碗は出ない。理由のひとつは、ここ一帯が江戸初期まで海だったこと。もうひとつの理由は、江戸が都市化すると同時に、この周辺はおエライさんしか住めなくなってしまったことだ。ゆえに、ここらへんから発掘されるものは、みんな高級品。あるとすれば、ヴィトンやプラダ級のものばかり。または、貝殻や魚の骨だ。

だが、江戸時代以前、ここに人間がいなかったというわけじゃない。もう少し時代を遡《さかのぼ》れば、この近辺からは、世界中にゴマンとあるものが、ごろごろ発掘されるのだ。

何かって？　人の骨である。

話題の舞台は、元江戸城外郭に架《か》かっていた鍛冶橋《かじばし》付近。

この橋は、明治六年（一八七三）五月に撤廃されて、今はもう跡しか残ってい

ない。が、大正二年の工事中、ここから二十数体の人骨が出て、大騒ぎになったことがある。

調査の結果、この人骨は中世のものだと判明したとか。

しかし、中世にせよ近世にせよ、なんで、ここから髑髏《どくろ》がざくざく出てきたのか。理由は、この一帯が「人捨て場」だったことにある。

太田道灌《おおたどうかん》が城を建てた頃、江戸城周辺は海沿いの細い谷筋となっていた。山の手周辺にも、そういう場所があるけれど(場所は秘密)、近世以前、河川沿いの谷あいは、死体捨て場として認知されていたのである。だから「三尺下」のもっと下を掘ったなら、人骨がいくらでも出るというわけ。

ん? ならば、どうしてそんな怖い土地の上に、道灌は城を建てたのかって? やぁねぇ。そんなの、人柱に決まっているじゃない。うふ。

現実問題として、人骨の埋まった傾斜地は、樹木がよく育ち、かつ地盤が固められるため、水災害に強いのだ。人柱などという怖い話を持ち出さなくとも、肥沃で磐石《ばんじゃく》な地を選んだ結果、太田道灌はこの土地を良い場所と見なしたのかも知れない。

ちなみに、この鍛冶橋跡は東京駅の南角、旧東京都庁の東北に当たる。そして、現東京駅舎はなぜか、この一角をくの字型に引っ込めたデザインを用いて、建てられているのだ。

人骨発見の事件が、影響したのかも知れないね。

でも、ま、多分、これは考えすぎでしょう。なぜなら、東京駅自体、三尺どころではない地下深くまで、線路が通っているからだ。つまり、今は駅そのもの

この下にざくざく!?

が、人捨て場にめりこんでいると言ってもいい状態なのだ。今更、一点だけ気にしても、ね？

なんか、怖い話になってきたけど、もうひとつだけ、現実的に怖い話をしたいと思う。

――この辺りは昔、海だった。

東京駅の地下ホーム線路下の排水溝は、いつもビチャビチャ濡れていて、壁には染みができている。つまり、駅のホームは豊富な地下水脈の真っ只中。水中にあるのと同じ状態になっているのだ。

だからほら、東京駅って、しょっちゅう、工事をしてるじゃない？

あれ、やらないと、水圧で、駅、つぶれちゃうんだってさー。

人柱

神サマが怒ってしまったときとか、土地が不安定なとき、人柱という生け贄《にえ》を立

て、土地を慰撫する風習がある。特に橋がうまく架からないとき、昔の人は橋のたもとに人を埋め、川の神を慰めた。

もちろん、現在ではそんな風習は行われないが、「人柱」の言葉はなぜか風化することなく残っている。ひと昔前は、大規模な土木工事で、不幸にも事故死者が出たときなど、「人柱が必要だったんだねぇ」「人柱に取られたんだねぇ」

などと囁《ささや》かれたものである。

公共工事のみならず、この言葉は個人宅でも使われる。誰かが、豪華な一戸建てを建てたとき、どういうわけか、その一族で亡くなる方が出たりする。現実的に考えるなら、工事やローンの心配など、精神的な過労が原因だろう。が、周囲の人たちはそうは言わない。

ちなみに、個人宅の新築等で不幸があるのは、分不相応な家を建てたときとか。皆さん。自分の器に合った家を建てるよう、注意いたしましょう。

主な参考文献

「江戸の悪霊祓い師」 高田衛　ちくま文芸文庫
「東京のえんぎもの」 早川光　求龍堂
「江戸に二つとない物」 塚田芳雄　下町タイムス社
「日本の地獄絵」 宮次男　芳賀書店
「江戸東京坂道事典」 石川悌二　新人物往来社
「東京史跡ガイド　千代田区史跡散歩」 岡部喜丸　学生社
AERA　2003 6/16号

その他は各社寺の由来書を参考。
なお、神祇の名称は、基本的には各社寺が使用する表記に従いました。
曖昧なもの、その他は「古事記」を基本に統一しました。

あとがき

世の中の見方は色々ある。

デザイナーなら、あらゆるものの色や形が気になるだろうし、医者なら、景色より人間の顔色が気になるはずである。そして、私のようなオカルトオタクは、人も物もすべてを、そのテの方角から見てしまう。正しい見方なんか、存在しない。ぶっちゃけ、どの見方が自分にとって、楽しいか、ということだ。で、私は拙著に記したような世界にいるのが、快適なわけよ。

いきなり打ち明けてしまうけど、多分、この本を誰よりも楽しんだのは、私自身に違いない。載っている場所はすべて足を運んだのだが、取材といっても、私の場合はほとんどレジャー感覚だ。これでまぁ、よく本など出せたものだ。けど、こんなことを大威張りで言えるのは、同行したスタッフもみな、楽しんでいたと実感してるからである。

取材には、編集者とカメラマン氏始め、ときにはイラストレーターさんや、神社大好き某編集者なども加わって、みんなでワイワイがやがやと、怪しいスポット巡りに励んだ。

東京に住んでいるからって、東京のすべてを知り尽くしているわけじゃない。そういう意味では、都内を巡り歩くのも、旅だと言っていいだろう。そして旅なら、当然のこと、楽しまなければ損である。

風水、祟り、いろんな神仏。それらに塗られた江戸東京は、一大アミューズメント・パークだ。まぁ、真面目に信仰している方から見れば、私のような神仏面白がりは、罰当たりなのかも知れないね。本書の中でも、随分と神サマ仏サマを茶化しちゃったし。だけど、ホレ。私も一応、江戸っ子だしさ。洒落は愛情表現だ。同じ江戸っ子の神仏ならば、わかってくれると信じてる。うふ。

江戸の歴史はダイナミックだし、東京の歴史もなかなか激しい。こんな都会であるにも関わらず、神社やお寺は数え切れないほどあるし、小さな公園やモニュメントにも、いちいち歴史が絡んでいる。もちろん、呪術や妖怪が絡まっていることもある。

いつも言ってることだけど、できれば、読者のみなさんも、本書の中のスポット始め、色んなところに出かけていって、東京の旅を楽しんでほしい。出会いや発見のみならず、運が良ければ、本物の怪にも遭えるハズである。

さて。本書には、過去にほかの媒体で記した場所も入っている。最初は、既に記した所は抜こうと思っていたのだが、そうなると、お気に入りの話はもちろん、江戸東京を語るときには欠かせない場所も、なくなってしまうことになる。記してない場所については、他の拙著を買えという感じにもなっちゃうし……。というわけで、馴染みの場所も、いくつか混ざって載ってます。必ず新ネタを入れたり、切り口を変えるようにしてるので、どうぞ許してくださいね。そして、この本が少しでも、みなさんの「うふ」とか「ほぉ」とかに繋がりますよう、私、ずっと祈ってます。

では、またいつか。どこかで、お会いいたしましょう。

平成十五年　九月吉日　　加門七海

加門七海《かもんななみ》

東京生まれ。'92年に『人丸調伏令』でデビュー。
デビュー以来、一貫して、オカルト・怪談・伝奇小説を手がける。
江戸東京の呪術的構造を描いたノンフィクション
『大江戸魔方陣』『東京魔方陣』。オカルトエッセイ『うわさの神仏』。
小説『環蛇銭』『おしろい蝶々』『常世桜』など。

江戸《えど》・TOKYO《とうきょう》陰陽百景《おんみょうひゃっけい》

2003年9月18日　第1刷発行

本書は雑誌『ＴＯＫＹＯ★１週間』の
連載『加門七海のTOKYO陰陽百景』を大幅加筆修正したものです

著者　加門七海《かもんななみ》
発行者　野間佐和子
発行所　株式会社講談社
〒112-8001　東京都文京区音羽2-12-21

Web現代編集部　03(5395)3551
販売部　03(5395)3622
業務部　03(5395)3615

イラスト　土井ラブ平
写真　タネイチ　田村寛
マップ製作　ノースドリーム　武田事務所
アートディレクション　竹内淳子
本文デザイン　ＴＯＰＰＡＮ ＴＡＮＣ
印刷所　凸版印刷株式会社
製本所　株式会社　上島製本所

N.D.C.914　232P　19cm
Printed in Japan　ISBN4-06-212071-2